Andreas Wrobel-Leipold

Warum gibt es die Bild-Zeitung nicht auf Französisch?

Andreas Wrobel-Leipold

Warum gibt es die Bild-Zeitung nicht auf Französisch?

Zu Gegenwart und Geschichte der tagesaktuellen Medien in Frankreich

Bibliografische Information der Deutschen Nationalbibliothek
Die Deutsche Nationalbibliothek verzeichnet diese Publikation in der
Deutschen Nationalbibliografie; detaillierte bibliografische Daten sind im Internet über
<http://dnb.d-nb.de> abrufbar.

1. Auflage 2010

Alle Rechte vorbehalten
© VS Verlag für Sozialwissenschaften | Springer Fachmedien Wiesbaden GmbH 2010

Lektorat: Barbara Emig-Roller

VS Verlag für Sozialwissenschaften ist eine Marke von Springer Fachmedien.
Springer Fachmedien ist Teil der Fachverlagsgruppe Springer Science+Business Media.
www.vs-verlag.de

Das Werk einschließlich aller seiner Teile ist urheberrechtlich geschützt. Jede Verwertung außerhalb der engen Grenzen des Urheberrechtsgesetzes ist ohne Zustimmung des Verlags unzulässig und strafbar. Das gilt insbesondere für Vervielfältigungen, Übersetzungen, Mikroverfilmungen und die Einspeicherung und Verarbeitung in elektronischen Systemen.

Die Wiedergabe von Gebrauchsnamen, Handelsnamen, Warenbezeichnungen usw. in diesem Werk berechtigt auch ohne besondere Kennzeichnung nicht zu der Annahme, dass solche Namen im Sinne der Warenzeichen- und Markenschutz-Gesetzgebung als frei zu betrachten wären und daher von jedermann benutzt werden dürften.

Umschlaggestaltung: KünkelLopka Medienentwicklung, Heidelberg
Gedruckt auf säurefreiem und chlorfrei gebleichtem Papier
Printed in Germany

ISBN 978-3-531-17543-0

Für Vroni

Dank meinem Freund und Kollegen
Prof. Peter Gottschalk, Arte,
für die kritische Durchsicht des Manuskripts

Inhalt

1 **Was gehen uns Frankreichs Medien an?** 11

   1.1 Französische Leitbilder für Europas Medien *11*

   1.2 Deutsch gedacht – französisch gescheitert? Fallbeispiele für Medienmanager und Journalisten *14*

2 **Die medienpolitische Bühne** 19

   2.1 Paris: Zentrum von Macht, Medien, Geld und Geist *19*

   2.2 Die Regie: Grundlagen des politischen System *21*

   2.3 Die Akteure: Medien, Politik und Trauzeugen *25*
      2.3.1 Lagardère: Airbus und Asterix 26
      2.3.2 Dassault: Kampfflugzeuge, Software, Medien 28
      2.3.3 Bouygues: Bau, Mobilfunk, Fernsehen 29
      2.3.4 Bolloré: Gratisblätter, Zigarettenpapier und ein Elektroauto 30
      2.3.5 Arnaud: Champagner und Wirtschaftspresse 31
      2.3.6 Vivendi 31

   2.4 Das Zusammenspiel: Staat, Wirtschaft und Medien *33*
      2.4.1 Kooperation hinter den Kulissen: Eliten und ihre Rekrutierung 34
         2.4.1.1 Die École Nationale d'Administration 37

3 **Rechtsgrundlagen der Medienordnung** 41

   3.1 Pflichtsprache Französisch *41*

   3.2 Die Verfassung: Pressefreiheit als Individualrecht *43*

   3.3 Persönlichkeitsrechte und der Code Civil *47*

   3.4 Investigativer Journalismus und Strafgesetzbuch *50*

   3.5 Agenda Cutting à la Française *52*
      3.5.1 Sécret défense 54
      3.5.2 Hilfskonstruktionen 56

3.6   Spezielles Medienrecht 57
   3.6.1   Regeln zur Medienkonzentration 57
   3.6.2   Medienstrafrecht: Das Gesetz über die Freiheit der Presse 61
      3.6.2.1   Presserechtliche Verantwortung 64
      3.6.2.2   Gegendarstellung 65
      3.6.2.3   Journalistische Inhalte als Pressedelikte 65
      3.6.2.4   Zensur via Verbot der Tabakwerbung 69
3.7   Elektronische Medien 70
   3.7.1   Radio und Fernsehen – Grundsätzliches 70
      3.7.1.1   Medienaufsicht: Der Conseil supérieur de l'audiovisuel / CSA .. 71
      3.7.1.2   Programmauflagen 73
         3.7.1.2.1   Politischer Pluralismus – per Stoppuhr 73
         3.7.1.2.2   Quotenregelung in Radio und TV 74
   3.7.2   Staatliche Sender 76
      3.7.2.1   Finanzierung 76
      3.7.2.2   Organisation: Behörde mit demokratischen Arabesken 77
      3.7.2.3   Inhaltliche Auflagen – auch im Detail 80
   3.7.3   Private Programmanbieter 83
      3.7.3.1   Inhaltliche Auflagen: Die accords 84
      3.7.3.2   Redaktionelle Unabhängigkeit 85
   3.7.4   Online-Publikationen 86
3.8   *Journalisten und ihre rechtliche Stellung* 88

4   Die Mediengattungen 91

4.1   *Der Werbemarkt als wirtschaftliche Basis* 91
   4.1.1   Selbstkontrolle oder Werbezensur? Die ARPP 94
4.2   *Fernsehen* 96
   4.2.1   Überblick 96
   4.2.2   Staatliche Sender 100
   4.2.3   Private Sender   Die Reform der TV-Werbung und ihre Wirkung 102
      4.2.3.1   Die TF 1-Gruppe 103
      4.2.3.2   M 6 / Métropole Télévision S.A 107
      4.2.3.3   Canal+ 108
      4.2.3.4   Arte 109

4.3 Radio 110
  4.3.1 Geschichtlicher Überblick 110
    4.3.1.1 Die radios périphériques 111
  4.3.2 Staatliche Sender 114
  4.3.3 Private Sender 114
    4.3.3.1 RTL 115
    4.3.3.2 NRJ 116
    4.3.3.3 Lagardère 116
    4.3.3.4 Skyradio 116
4.4 Tageszeitungen 118
  4.4.1 Geschichtlicher Überblick 118
  4.4.2 Staatliche Presseförderung: Subventionen anstatt Markt 120
    4.4.2.1 Die Nachrichtenagentur Agence France-Presse 123
  4.4.3 Die Tageszeitungen und ihre Krise 125
    4.4.3.1 Überregionale Blätter: Die presse nationale 126
    4.4.3.2 Regionalzeitungen 129
    4.4.3.3 Militante Gewerkschaften und hohe Kosten 130
    4.4.3.4 Hausgemachte Krisenursachen 131
      4.4.3.4.1 Vertrauensdefizite 132
      4.4.3.4.2 Journalistische Eigenheiten 134
      4.4.3.4.3 Vertrieb und Vertriebsprobleme 136
  4.4.4 Die Krankheit als Therapie: Strategien gegen die Krise 138
  4.4.5 Zeitschriften und Gratis-Zeitungen 140
    4.4.5.1 Zeitschriften 142
      4.4.5.1.1 Enthüllungsjournalismus und Satire: Le Canard enchaîné . 144
4.5 Online-Medien 146

5 **Journalismus und Macht in Frankreich: Zur Tradition einer Wechselbeziehung** 151

6 **Epilog: Investoren aus dem Ausland – Befreier oder Besatzer?** 161

7 **Literaturauswahl** 163

Tabellen und Übersichten

Tab. 3.1.: „Zwei aus drei": Konzentrationsschwellen in Frankreich 60
Tab. 4.1.: Werbegeschäft der Medien in Frankreich und Deutschland 91
Tab. 4.2.: Frankreichs wichtigste Werbekunden 2008 92
Tab. 4.3.: TV-Empfang in Frankreich 98
Tab. 4.4.: Der Fernsehmarkt in Frankreich -Zuschaueranteile 2008 99
Tab. 4.5.: Anteile der Sender an den TV-Werbeausgaben 101
Tab. 4.6.: „Akustische Tageszeitungen": Die programmes généralistes 113
Tab. 4.7.: Die presse nationale 127
Tab. 4.8.: Tausender-Kontaktpreise in der Tagespresse 128
Tab. 4.9.: Online-Auftritte klassischer Medien – die „Top 15" 149

1 Was gehen uns Frankreichs Medien an?

1.1 Französische Leitbilder für Europas Medien

Frankreich landete 2009 auf Platz 43 der Rangliste der Pressefreiheit von „Reporter ohne Grenzen". Hinter Surinam aber noch vor den Kapverdischen Inseln. Frankreich schnitt damit acht Plätze schlechter ab als beim Ranking 2008. „Die Ursache sind unter anderem juristische Ermittlungen gegen Journalisten, Festnahme von Reportern und Durchsuchungen bei Nachrichtenmedien. Auch die Einmischung von hochrangigen Politikern wie Präsident Nicolas Sarkozy in die Berichterstattung einiger Medien sorgten für eine negative Bewertung".[1]

Auf dem Umweg über europäische Institutionen kommen französische Auffassungen auch in der deutschen Medienwelt zum Tragen. Mit teilweise erheblichen Konsequenzen. Zu nennen wären Werbeverbote, inhaltliche Auflagen für TV-Sender oder das Caroline-Urteil. Der Versuch, das „medienfeindliche" französische Gegendarstellungsrecht (vgl. 3.5.2.2.) via EU europaweit auf Online-Publikationen auszuweiten ist zwar gescheitert, bleibt aber bezeichnend.[2]

Beim Werbeverbot für Tabak spielte Frankreich eine Vorreiterrolle. Über eine EU-Richtlinie kam das Verbot auch nach Deutschland und mit ihr die höchst elastische französische Definition von „Wer-

---

[1] www.reporter-ohne-grenzen.de/ranglisten
[2] Frankreich entwirft Verordnung zum Recht auf Erwiderung im Internet. In: www.unwatched.org/trackback/436 (28. März 2007)

bung" als „jede Art der kommerziellen Kommunikation mit dem Ziel oder der direkten oder der indirekten Wirkung, den Verkauf eines Tabakerzeugnisses zu fördern".[3] Die Bundesregierung hatte zwar juristischen Widerstand geleistet, war jedoch vor dem Europäischen Gerichtshof unterlegen. Im November 2006 setzte der Bundestag die EU-Richtlinie in deutsches Recht um. Tabakwerbung in Zeitungen, Zeitschriften, im Hörfunk und im Internet ist verboten, ebenso das Sponsoring bei TV-Veranstaltungen. So steht es auch im französischen Gesetz.[4] Die deutsche Printbranche kostete das geschätzte 225 Mio € an jährlichem Umsatz.[5] In Zeiten sinkenden Anzeigenaufkommens kein Pappenstiel.

Auch passionierten Nichtrauchern sollte die Begründung des Europäischen Gerichtshofes zu denken geben: Für die Richter war nicht der Gesundheitsschutz maßgeblich, sondern der freie Wettbewerb. Akkurat so, als hätten die europäischen Nachbarn in Massen die heimischen Blätter aufgegeben, um sich in deutschen Printprodukten an Tabakwerbung zu ergötzen. Mit dieser Begründung ließe sich jeglicher Medieninhalt europaweit vereinheitlichen.

Krawallige Talkshows, Doku-Soaps, endlose Koch- und Ratgebersendungen sind gleichfalls der EU zu danken.[6] Artikel 4 der EU-Richtlinie über audiovisuelle Mediendienste verpflichtet die Mitgliedsstaaten sicherzustellen, dass die TV-Sender „im Rahmen des praktisch Durchführbaren einen großen Anteil ihrer Sendezeit für europäische Werke reservieren" und deren Produktion finanziell fördern. Genauso

---

[3] EU-Richtlinie 2003/33 EG, Art.2b
[4] Loi n°76-616 du 9 juillet 1976 relative à la lutte contre le tabagisme
Article 2, geändert durch Loi n°91-32 du 10 janvier 1991 - art. 3, In : JORF 12 janvier 1991 en vigueur le 1er janvier 1993
[5] Journalist, Heft 6 / 2005, S.35
[6] Das öffentlich-rechtliche Fernsehen bot 1979 39 Ratgeberformate mit 30 Stunden Sendezeit je Woche, 2008 waren es 102 mit 78h/Woche, dazu kamen von den Privaten 84 Sendungen mit 58h/Woche (Akademie-Report, Heft 4/2008, S.17)

gut könnte Brüssel der Autoindustrie vorschreiben, wo sie ihre Teile zu kaufen hat und obendrein ihre Zulieferer finanziell zu unterstützen. Diese EU-Richtlinie ist zweifelsfrei ein Eingriff in die Medienfreiheit des Artikels 5 des Grundgesetzes, ebenso berührt sie die Kulturhoheit der Bundesländer. Doch wo kein Kläger, da kein Richter. Die TV-Sender und ihre Lobbies blieben stumm, Der EU-Eingriff in ihre Programmhoheit bedeutete nämlich die Möglichkeit, Geld zu sparen. Alle Wettbewerber, auch die öffentlich-rechtlichen, nutzten die Richtlinie um Sendeflächen mit Billigprodukten zu füllen.[7] Billig. Aber europäisch.

Auch hier steht hinter „Europa" im Grunde „Frankreich". Zum Schutze heimischer Produzenten hatte Paris schon in den 70er Jahren eine TV-Quote gesetzlich festgelegt, eine für französische Musikproduktionen im Radio folgte 1996. Um mit diesem Protektionismus in Reinkultur nicht gegen EU-Recht zu verstoßen, wurde aus „französisch" zunächst „europäisch", aus der nationalen Gesetzgebung schließlich eine EU-Richtlinie.

„Europas Richter heben Pressefreiheit aus". So lautete 2004 der Tenor, mit dem deutsche Medien in seltener Einmütigkeit das Caroline-Urteil des Europäischen Gerichtshofes für Menschenrechte kommentierten. Caroline Prinzessin von Monaco, später verehelichte von Hannover, hatte gegen Paparazzi-Fotos in deutschen Illustrierten geklagt und letztendlich obsiegt. Auf den inkriminierten Bildern übe „die Beschwerdeführerin kein öffentliches Amt aus, die Fotos und Artikel

---

[7] Dank Digitalisierung wird die Zahl der TV-Veranstalter weiter zunehmen. Sollen die vorhandenen Sendeflächen EU-konform gefüllt werden, hat jedwedes Bewegtbildmaterial eine reelle Chance ausgestrahlt zu werden, sofern es nur von europäischen Produzenten stammt. Siehe auch: Achte Mitteilung über die Anwendung von Art.4 und 5 der Richtlinie 89/552/EWG „Fernsehen ohne Grenzen", i.d.F. der Richtlinie 97/36/EG. Brüssel, 22. Juli 2008, KOM(2008) 481

betreffen ausschließlich Einzelheiten ihres Privatlebens". So die Straßburger Richter.[8]

Ob nun der Ex-Kanzler nicht mehr mit seinen russischen Geschäftsfreuden abgebildet werden dürfe, der Nationalspieler nicht mit seiner neuesten Gefährtin? Das jedenfalls fragten deutsche Medien. Schließlich machten der Herr Schröder seine Gasgeschäfte und der Fußballer seine Eroberungen ja als Privatleute.

Frankreichs Journalisten dürften sich gewundert haben. Was in Deutschland als „Einladung zu Zensur" (FAZ) angesehen wurde, ist für sie seit Jahren gängige Praxis: Der Europäische Gerichtshof für Menschenrechte hatte lediglich die französische Lesart von „Persönlichkeitsschutz" übernommen (vgl. Kapitel 3.2.)

1.2 Deutsch gedacht – französisch gescheitert ?
Fallbeispiele für Medienmanager und Journalisten

Was hinter dem Straßburger Urteil steckte, wurde in den Chefetagen deutscher Medienhäuser offenbar nicht richtig hinterfragt. Jedenfalls erwies sich Frankreich als ein für deutsche Medienmanager recht glitschiges Pflaster. Auch für solche, die ihr Metier in der Heimat und anderswo sonst durchaus beherrschen.

„Springer stellt Planung für eine Frankreich-‚Bild' ein" meldete die *Süddeutsche* im Juni 2007. Seltsam, denn mit 62 Mio Einwohnern ohne landesweites Boulevardblatt wäre Frankreich wohl ein attraktiver Markt. Die *Axel Springer AG* begründete ihre Entscheidung offiziell damit, dass es „nicht genügend Verkaufsstellen" gebe, um die angepeilten 500.000-800.000 Exemplare auch abzusetzen. Das hätten die Ver-

---

[8] Europäischer Gerichtshof für Menschenrechte, Urteil vom 24. Juni 2004 in der Rechtssache Hannover ./. Bundesrepublik Deutschland (Az. 593200/00)

lagsmanager aber eigentlich wissen können, bevor sie – dem Vernehmen nach – mehrere Millionen Euro in die Planung steckten, schließlich ist Springer seit Jahren auf dem französischen Zeitschriftenmarkt aktiv. Es lässt sich also vermuten, dass das Projekt nicht allein an der Logistik scheiterte.

Hinweise in diese Richtung hatte der Bauer-Verlag gegeben, in Deutschland einer der ganz großen im Bereich der bunten Magazine. Das Haus ist auch in Frankreich tätig. Doch: „*Bauer stellt Pariser People-Magazin ein*" war im Januar 2007 auf den Medienseiten deutscher Zeitungen zu lesen. Das Magazin, *Bon Week*, war erst seit einem halben Jahr auf dem Markt und verkaufte immerhin 170.000 Exemplare. Begründet wurde die Einstellung mit den französischen Regeln zum Persönlichkeitsschutz. Ein „People-Magazin" lebt vom Klatsch über Prominente, indes: „Die immer zahlreicheren Prozesse schränken die redaktionellen Möglichkeiten beträchtlich ein" erklärte der Bauer-Verlag, angesichts dessen gebe es „für den Titel keine Aussicht auf positive Entwicklung".

Stimmt diese Einschätzung oder soll so eine unternehmerische Fehlentscheidung kaschiert werden?

Bei der Bertelsmann-Tochter Gruner+Jahr fällt auf, dass ihr Ableger Prisma Presse zwar die Nummer 2 auf dem französischen Zeitschriftenmarkt ist, allerdings mit Titeln, die einen weiten Bogen um kritisch-investigative Themen machen: Links des Rheins fehlt im Portfolio ein Gegenstück zum deutschen *Stern*.

Warum verzichtet ein Verlag in dem einen demokratischen Industrieland auf ein Format, dass in dem anderen als Meinungsbildner und Renditeobjekt jahrelang erfolgreich funktionierte?

Drei Beispiele, die zeigen, dass Frankreichs Medienlandschaft wohl grundsätzliche Unterschiede zur deutschen aufweist, womit wir bei der zentralen Frage dieses Textes sind: Warum eigentlich?

Die gleiche Frage stellt sich beim unterschiedlichen Umgang mit „Affären" links und rechts des Rheins. Im Dezember 1990 wurde die „Traumschiff-Affäre" durch Medienberichte bekannt, im Januar 1991 trat Baden-Württembergs Premier Lothar Späth, der Schiffspassagier, zurück.[9] Die Bonus-Meilen Berliner Politiker waren noch nicht eingelöst, der Dienstwagen der Frau Gesundheitsminister 2009 kaum geklaut, als dies alles schon medial ruchbar wurde. Für die Abrechnung dienstlich erflogener Bonusmeilen und den Gebrauch von Dienstwagen gelten seither verschärfte Regeln.

Anders in Frankreich: Als Bürgermeister von Paris soll Jacques Chirac zwar „Hunderte" von städtischen Bediensteten eingestellt und aus Mitteln der Stadt entlohnt haben, die aber keineswegs für kommunale Aufgaben eingesetzt wurden.[10] Während der Amtszeit des Bürgermeisters, 1977-1995, hatte das offenbar aber niemand bemerkt. Jacques Chirac war anschließend von 1995-2007 Präsident der Republik und konnte sich der *immunité présidentielle* erfreuen, erst Ende 2009 (sic!) eröffnete die Justiz ein Verfahren. Seltsam: Denn einerseits ist die eigentliche Stadtgemeinde Paris mit 2 Mio Einwohnern noch überschaubar, andererseits sind hier alle Medien mit Rang und Namen geballt konzentriert. Chiracs Nachfolger Sarkozy entspannte unmittelbar nach seiner Wahl auf einem Traumschiff. Auf Kosten eines Gönners aus der Wirtschaft. Wenn sich Medien darüber ereiferten, dann deutsche.

Auch diese Beispiele können als Indiz für strukturelle Unterschiede zwischen der deutschen und der französischen Medienlandschaft dienen. Politiker beklagen, dass mit dem Umzug der Bundesregierung von Bonn nach Berlin die Zahl der Durchstechereien und der künstlich aufgeblasenen Skandale zugenommen habe, Journalisten beschweren sich

---

[9] Gastgeber auf dem Traumschiff war die Tochtergesellschaft eines französischen Unternehmens gewesen, 1992 kam ein Untersuchungsausschuss des Baden-Württembergischen Landtags zu dem Schluss, Späth habe sich keiner Verfehlung schuldig gemacht, als er die Einladung annahm.
[10] Ende der Unantastbarkeit, in: Süddeutsche Zeitung, 31. Oktober/1. November 2009

im gleichen Atemzug. „Jeder mißtraut jedem. In Berlin ist es üblich geworden, dass Abgeordnete selbst kleinste Zitate vorgelegt bekommen wollen".[11] Bei der Ursachenanalyse sind sich Journalisten wie Politiker einig: In Berlin wären das Medienangebot und damit der Konkurrenzdruck sehr hoch, wer sich da als Medium abheben wolle, müsse „Exklusivinformationen" schon etwas nachhelfen. Zudem sei die Stadt zu groß um – wie ehedem in Bonn – ein provinziell-vertrauliches Miteinander zu pflegen.

Das träfe eigentlich auch auf Frankreichs Hauptstadt zu: Paris hat zahlenmäßig ein ähnlich umfangreiches Medienangebot wie Berlin und – Verwaltungsgrenzen beiseite – deutlich mehr Einwohner. Womit wir bei der zweiten Frage wären: Hat Frankreichs Publikum andere Erwartungen an seine Medien oder ein anderes Verständnis von Politik?

---

[11] Nicht fummeln Liebling. Politik gegen Presse: Die Sache mit der „Autorisierung". In: Süddeutsche Zeitung, 28. November 2003

2 Die medienpolitische Bühne

2.1 Paris: Zentrum von Macht, Medien, Geld und Geist

Ein erster struktureller Unterschied zwischen Deutschland und Frankreich besteht darin, dass in der Bundesrepublik fast ein halbes Dutzend Städte den Titel einer Wirtschafts- und Medienmetropole beanspruchen können, nicht so in Frankreich:

In Paris und seiner Umlandregion Île de France leben auf 2,2 Prozent der Landesfläche gut 20 Prozent der Bevölkerung – fast 12 Mio Menschen auf 12.000 km².[12] Sie erwirtschafteten mit 420 Mrd € ein Drittel des französischen BIP (2005), 80 der 100 größten Unternehmen des Landes sind hier niedergelassen.

Alle Fernsehsender – bis auf ARTE –, die Redaktionen der landesweiten Radioprogramme, die überregional verbreiteten Tageszeitungen *(presse nationale)* und alle wichtigen Zeitschriften haben ihren Sitz in der Hauptstadt bzw. ihrem Umland, 80 Prozent der französischen Journalisten leben hier.

Die viel gelesene Gratispresse verteilt in der Île de France 60 Prozent ihrer Auflage. Für die werbetreibende Wirtschaft ein geradezu idealer Zustand: Anbieter und Nachfrager sind gleichsam im S-Bahn

---

[12] Auf deutsche Verhältnisse umgerechnet hieße das: Zwischen Oranienburg und Potsdam leben 17 Mio Menschen, mithin die Gesamtbevölkerung der einstigen DDR.

Bereich konzentriert, was Streuverluste deutlich reduziert. Um neue Produkte oder Trends zu lancieren genügt oft nur *ein* zentrales Event.

Politisch hat die Region kein sonderliches Eigengewicht. Der Sturm auf die Bastille hatte gezeigt, dass die geographische Nähe von Macht und Massen für erstere durchaus gefährlich werden konnte. Die große Stadtsanierung des Barons Haussmann unter Napoléon III. vollzog sich denn nicht allein unter raumplanerisch-architektonischen Aspekten, sondern auch unter der Frage, wie denn ein Aufstand am wirkungsvollsten zu bekämpfen sei. Haussmanns breite, schnurgerade Avenuen boten der Artillerie ein günstiges Schussfeld.

Eine latente Skepsis gegenüber dem Ballungsraum hielt sich indes auch in demokratischen Zeiten. Seit 1964 ist die Region verwaltungsmäßig in acht Départements mit insgesamt fast 1300 Gemeinden zergliedert: Das Ergebnis eines politischen Kuhhandels, bei dem Bürgerliche und Linke ihre Territorien absteckten und unter sich bleiben konnten. Die eigentliche Stadtgemeinde Paris umfasst nur reichlich hundert Quadratkilometer mit etwa 2 Mio Einwohnern innerhalb des Autobahnrings *périphérique*. Einen gewählten Bürgermeister gibt es erst seit 1977, bis dahin stand ein von der Regierung ernannter Stadtpräfekt an der Spitze. Erstes Stadtoberhaupt mit demokratischer Legitimation war Jacques Chirac, der spätere Präsident der Republik.

Die wirtschaftliche und kulturelle Potenz der Île de France hat ihre historischen Wurzeln. Seit dem 17. Jahrhundert entstand von hier aus ein straff organisierter Zentralstaat, in dem schließlich alle Fäden am Hofe zu Versailles zusammenlaufen sollten. Das Wort vom „Sonnenkönig" meinte dabei nicht allein die strahlende Prachtentfaltung des Monarchen, sondern bezog sich metaphorisch auch darauf, dass, so wie die Sonne den Erdball erwärme, der König das Land nähre. In einer merkantilistischen Staatswirtschaft ein zutreffendes Bild, war die Nähe zur Macht doch Voraussetzung für wirtschaftlichen Erfolg. Die Krone förderte Handel und Gewerbe im Inland. Politisch, finanziell und dadurch, dass sie ausländische Konkurrenten fernhielt. Auch diese Tradition hat sich erhalten.

2.2 Die Regie: Grundlagen des politischen System

Frankreich ist ein Zentralstaat, in dem die Befugnisse staatlicher Gewalt stark auf den direkt gewählten Präsidenten fokussiert sind. Laut Verfassung von 1958 ist er „Schiedsrichter zwischen den Staatsgewalten", er bestimmt die Richtlinien der Politik, kann Volksabstimmungen initiieren, führt den Vorsitz im Ministerrat und ernennt den Premierminister.

Nach seinen Vorgaben verkehren selbst die Eisenbahnzüge im Tunnel unter dem Ärmelkanal und werden Fernsehkanäle werbefrei. Kurios, aber bezeichnend für die herausragende Rolle des Präsidenten im politischen Gefüge, war die durchaus ernsthafte Diskussion unter Verfassungsrechtlern darüber, ob sich Sarkozy von Gattin Cécilia überhaupt scheiden lassen könne: Dazu bräuchte es nämlich ein Gerichtsurteil und der Präsident sei durch seine verfassungsmäßige Immunität während seiner Amtszeit jedem richterlichen Verfahren entzogen. Geschieden wurde letztlich gleichwohl.

Die Stärke des Präsidenten erklärt sich auch aus der Schwäche möglicher Gegengewichte. Laut novellierter Verfassung ist Frankreichs Verwaltung seit den 80er Jahren „dezentral organisiert". Die *Régions* stehen zwar protokollarisch auf einer Ebene mit den deutschen Bundesländern, doch ist ihr politischer Einfluß gering. Eigene gesetzgeberische Kompetenzen fehlen, der Gestaltungsspielraum ist kaum größer als der eines bundesrepublikanischen Landkreises. Im Verhältnis zu den nachfolgenden – nicht etwa: nachgeordneten – Verwaltungsebenen hat die *Région* keine Befugnisse.

Politische Parteien sind heute kaum mehr als Wahlvereine, die auf die Person ihres Präsidentschaftskandidaten zugeschnitten sind. Parteien gibt es viele, ihre Namen wechseln. Konstant geblieben sind seit 1958 zwei große Lager. Die bürgerlich-konservativen *Gaullisten* haben in den letzten Jahrzehnten mehrfach umfirmiert und treten derzeit unter dem sehr unverfänglichen Namen *„Union pour un mouvement populaire"* an. *UMP* – sinngemäß übersetzt „Sammlungsbewegung für eine Sammlungsbewegung".[13]

Auf der linken Seite des Spektrums steht als stärkste Kraft der *Parti Socialiste*, 2007 von UMP-Sarkozy in den Wahlen geschlagen, programmatisch und personell blaß und innerlich zerstritten. Der *Parti Communiste*, einst mächtig und 1981 Regierungspartner, hat seit dem Fall der Berliner Mauer stark an Bedeutung verloren. Die extreme Rechte sorgt mit spektakulären Ergebnissen im ersten Wahlgang zwar nahezu regelmäßig für Furore, bleibt aber aufgrund des Wahlrechts im zweiten letztlich ohne große Bedeutung. Letzteres gilt für kleinere Parteien überhaupt.

Die Gewerkschaften sind zahlenmäßig schwach. In ihnen sind etwa 8 Prozent der Beschäftigten organisiert – in Deutschland liegt der Wert bei 20, in den USA bei 12 Prozent.[14] Das liegt daran, dass der französische Staat Funktionen übernommen hat, die z.B. in Deutschland Aufgabe der Sozialpartner sind. So hat der von der Regierung jährlich festzulegende Mindestlohn *SMIC* eine Leitfunktion für alle anderen Tarifabschlüsse. Das erklärt, warum Streiks häufig politisiert sind: Wo der Staat letztendes alle Fäden in der Halt hält und die Arbeitgeber

---

[13] *„Gaullistes"* abgeleitet von *de Gaulle*, Charles, (1890-1970), General und Politiker, erster Präsident der V. Republik von 1958-1969. Als Partei firmierten die Gaullisten seit 1958 unter dem Namen UNR, ab 1962 als UNR-CDT, 1967 als UDVe, 1968 als UDR, von 1976-90 als RPR, ab 1990 als UPF und seit 2002 als UMP.

[14] Visser, J.: Database on Institutional Charcteristics of Trade Unions, Wage Setting, State Intervention and Social Pacts, Amsterdam Institute for Advanced Labour Studies 2008.

nur dessen Vorgaben übernehmen, ist es nicht mehr als sinnvoll, gleich gegen den Staat zu streiken.

Frankreichs Legislative liegt bei einem Zwei-Kammer-Parlament, bestehend aus der (wichtigeren) Nationalversammlung und dem Senat. Das Wahlrecht garantiert in der Nationalversammlung solide parlamentarische Mehrheiten, die keineswegs auch Wählermehrheiten bedeuten. Die bürgerlich-konservative UMP erreichte 2007 so mit 39,5 Prozent der Stimmen 55,3 Prozent der Sitze.

Der Senat als Vertretung der Gebietskörperschaften wird indirekt gewählt. Er hat im Gesetzgebungsverfahren ein aufschiebendes Vetorecht, Verfassungsänderungen bedürfen seiner Zustimmung. Im Senat stellt die UMP mit 44 Prozent der Sitze derzeit die stärkste Gruppierung.

Die Exekutive liegt bei der Regierung, die der Nationalversammlung verantwortlich ist, doch sind die Rechte letzterer vergleichsweise beschränkt: Artikel 34 der Verfassung legt fest, zu welchen Bereichen die Parlamentarier überhaupt Gesetze beschließen dürfen.

Erst unter Sarkozy gab es im Sommer 2008 eine gewisse Beschränkung der Macht des Staatsoberhaupts:[15] Volksabstimmungen zu initiieren, ist nicht mehr alleiniges Recht des Präsidenten. Ein Zehntel der eingeschriebenen Wählerschaft und ein Fünftel der Parlamentsmitglieder können künftig ein Referendum herbeiführen. Auch das Parlament wurde gestärkt. Es darf nunmehr seine eigene Tagesordnung festlegen – zuvor hatte das die Regierung besorgt.

Die Vertrauensfrage, mit der die Regierung die Parlamentarier zur Annahme von Gesetzesvorlagen buchstäblich zwingen konnte, darf von dieser nicht mehr beliebig eingesetzt werden,[16] das Werbeverbot

---

[15] Vgl. im Folgenden Loi constitutionelle 2008-724 vom 23. Juli 2008
[16] Verfassung Art. 49, neue Fassung seit 1. März 2009 in Kraft.

im Staatsfernsehen war noch unter Androhung der Vertrauensfrage durchgedrückt worden.

Im Katalog der Kompetenzen des Parlaments war die Medienpolitik bis 2008 nicht enthalten, fiel damit faktisch in die Zuständigkeit des Präsidenten. Im nunmehr geänderten Artikel 34 heißt es: „Gesetze, welche die Pluralität und die Unabhängigkeit der Medien betreffen" sind vom Parlament zu beschließen.

Was das konkret bedeuten mag, bleibt abzuwarten: Im Falle des Vorgehens beim Werbeverbot für das staatliche Fernsehen sah der *conseil d'État* als oberstes Verwaltungsgericht den Artikel 34 schon verletzt – kein halbes Jahr nach seiner Neufassung und von den Urhebern der Reform höchst selbst.[17] (vgl.3.6.2.2.)

Gesichert ist zunächst der status quo in den Medien – und den hatte der Präsident vor der Verfassungsreform schon hinreichend geprägt, wie im Detail noch gezeigt werden soll. Bei Fragen die weniger grundsätzlich sind als „Pluralität und Unabhängigkeit" haben Präsident und Regierung nach wie vor den weiten Spielraum des Artikels 37 der Verfassung: „Gebiete, die nicht Gegenstand der Gesetzgebung sind, werden auf dem Verordnungswege geregelt".

Im Einzelfall mag dazu aber schon ein Telefonat oder ein Abendessen genügen. Zwar wurde nie gerichtlich nachgewiesen, dass Alain Genestar, der Chefredakteur des Magazins *Paris Match*, seinen Hut nehmen musste, weil sein Blatt Fotos von Cécilia Sarkozy mit einem anderen Mann veröffentlicht hatte.[18] Gatte Nicolas war damals Innenminister, doch sind derlei „rein innerbetriebliche Entscheidungen" in seinem Sinne mittlerweile zu häufig, als dass sie als pure Zufälle gelten könnten. Auch darauf wird noch eingegangen. Allerdings wäre es

---

[17] Conseil d'État, Entscheidung vom 11. Februar 2010 (Mme B. et autres, Nos. 324233, 324407)
[18] Genestar hat seine Sicht der Dinge in einer Generalabrechnung mit dem „System Sarkozy" aufgeschrieben: Genestar, Alain: Expulsion, Paris 2008.

ungerecht, das als „Sarkozy-spezifisch" einzuordnen. Laut Isabelle Bourgeois steht der Präsident lediglich in der Tradition seiner Vorgänger, er interveniere jedoch offener, was in Frankreichs politischer Kultur ein Zeichen für mehr Transparenz sei.[19]

Pressevertreter empfanden es jedenfalls nicht als „launige Bemerkung" als Präsident Sarkozy sie einmal mit „je connais vos patrons" begrüßte: „Ich kenn' eure Chefs". Er kennt sie tatsächlich. Sehr gut sogar.

2.3 Die Akteure: Medien, Politik und Trauzeugen

Auf den ersten Blick zeigt Frankreichs Medienmarkt keinerlei bedenkliche Konzentrationserscheinungen. Gewisse Ungleichgewichte gibt es zwar bei der gedruckten Regionalpresse,[20] nicht aber bei den Eigentumsverhältnissen an der überregionalen Presse und beim Radio. Beim Fernsehen erreichten die drei größten Anbietergruppen – staatliche und private – 2008 einen Zuschaueranteil von rund 70 Prozent. Im europäischen Vergleich ist das eher gering, doch erklärt sich diese Zahl durch die Digitalisierung und dem damit gestiegenen Angebot an Spartenkanälen, die wiederum oft im Besitz der großen Anbietergruppen sind.

In den klassischen Mediengattungen Zeitung, Radio und Fernsehen spielen nur drei Konzerne eine herausragende Rolle. Frankreichs größte Medienunternehmer, *Lagardère, Bouygues* und *Bolloré*, kommen aus gänzlich anderen Geschäftsfeldern; anders als bei Bertelsmann, Murdochs News Corp. oder Disney sind Medien für sie ursprünglich nur ein Nebengeschäft: Der Bouygues-Konzern beispielsweise, größter Fernsehveranstalter, erzielte 2008 insgesamt ein Netto-

---

[19] Vgl. Bourgeois, Isabelle: La Télé – c'est moi.
[20] Die vier größten Verlage bestreiten nahezu zwei Drittel der Auflagen.

ergebnis von 1742 Mio €, davon stammten ganze 71 Mio € aus der TV-Sparte.[21]

Dazu kommt, dass diese drei als Werbekunden oder Werbevermarkter großes Gewicht haben und damit zumindest das Potential, auch auf solche Medien einzuwirken, die nicht in ihrem Besitz sind.

Drittens schließlich sind diese drei mit der Politik mehr als nur „gut vernetzt", was an etlichen exemplarischen Fällen gezeigt werden soll. Gewiss gibt es eine ähnliche „Vernetzung" auch in der Bundesrepublik, doch wird sie durch den Föderalismus deutlich gemildert: Dank 16 Bundesländern und ihrer Kulturhoheit wird nicht jede Grille eines Ministerpräsidenten oder seiner Ohrenbläser bundesweit wirksam.

2.3.1 Lagardère: Airbus und Asterix

Der *Lagardère*-Konzern hat seinen Hintergrund in der Luftfahrt- und Rüstungsindustrie. An *EADS*, dem weltweit zweitgrößten Flugzeugbauer (Airbus, Eurocopter, Lenkwaffen) hält das Unternehmen 7,5 Prozent, ist aber gleichberechtigter Partner in der Geschäftsführung: Da EADS offiziell rein privatwirtschaftlich geführt wird, fungiert Lagardère gleichsam als Stellvertreter der französischen Regierung. EADS erzielte 2007 einen Umsatz von 39,1 Mrd €.

Ursprünglich ein reiner Technologiekonzern hat sich der Schwerpunkt der Geschäftstätigkeit verschoben. Im Bereich Medien und medienbezogene Dienstleistungen lag der Lagardère-Umsatz 2008 bei 8,2 Mrd € (2007: 8,6 Mrd €).

Der Konzern ist international tätig, der folgende Überblick erhebt keinerlei Anspruch auf Vollständigkeit.

---

[21] Bouygues Kurzbericht 2008 (März 2009, deutschsprachig)

Bei den Zeitschriften ist Lagardère durch seine Tochter *Hachette Filipacchi Medias* gemessen an der Auflage weltweit größter Verlag. Zum Portfolio gehören insbesondere Frauenzeitschriften *(Elle)*, Lifestyle- und Ratgeberblätter sowie die Illustrierte *Paris Match*.

Als Buchverlag hält der Konzern in Frankreich und Großbritannien Platz 1, in den USA Platz 5. Zum Programm gehören Bestsellerromane, *Asterix* oder das französische Standardwörterbuch *Larousse*.

An tagesaktuellen Medien betreibt Lagardère den quotenstarken Radiosender *Europe1*, an *Le Monde*, dem intellektuellen Flaggschiff der französischen Tagespresse, ist man mit 17,5 Prozent beteiligt und an der Verlagsgruppe *Amaury* mit 25 Prozent. Diese ist Herausgeber von Frankreichs auflagenstärksten Blättern, der Tageszeitung *Le Parisien/ Aujourd'hui en France* und der Sportzeitung *L'Equipe*. Amaury ist auch Veranstalter der Tour de France. Damit ergeben sich Synergien mit *Lagardère Sports*, einem Veranstalter und Vermarkter von Sportereignissen und -rechten, mit dem das Unternehmen auch auf dem deutschen Markt präsent ist. Im November 2006 kaufte Lagardère für 865 Mio € die deutsch-französische *Sportfive*, die 70 Prozent ihres Umsatzes in der Bundesrepublik erzielt.

Die Regionalzeitungen *Nice-Matin*, *La Provence* und *Var Matin* wurden 2007 an die Verlagsgruppe Hersant verkauft. Minderheitsbeteiligungen bestehen an der Zeitungsgruppe *La Dépêche* und an der Tageszeitung *L'Humanité*, dem einstigen Zentralorgan der französischen Kommunisten.

Als Werbevermarkter betreut Lagardère 130 Kunden – eigene Marken ebenso wie den Verbund der kleinen Lokalradios – und ist damit nach Umsatz die Nummer 2 der Branche in Frankreich. Den gleichen Platz hält Lagardère auch als TV- und Filmproduzent.

Das Unternehmen betreibt zahlreiche TV-Spartenkanäle.

Im Pressevertrieb hat der Konzern eine Schlüsselposition. Er hält 50 Prozent am quasi-Monopolisten *NMPP* und ist mit der Kiosk-Kette *Le Relay* einziger Medienanbieter an Frankreichs Flughäfen und Bahnhöfen.

Vorstandschef des Konzerns ist *Arnaud Lagardère*. Er hält 2,41 Prozent des Kapitals, diese aber als unbeschränkt haftender Gesellschafter: Das Unternehmen wird als Kommanditgesellschaft auf Aktien, *SCA*, geführt. Beschlüsse der Aktionärsversammlung bedürfen also der Zustimmung von Monsieur Lagardère. Mitglied des Aufsichtsrats ist *Bernard Arnault*, Trauzeuge des Präsidenten und Besitzer des Wirtschaftsblatts *Les Echos*.

Arnaud Lagardère bezeichnet sich als „Bruder" von Präsident Sarkozy: Letzterer habe sich als Finanzminister „hingebungsvoll" (FAZ) um den Nachlass von Lagardère sen. gekümmert.[22]

2.3.2 Dassault: Kampfflugzeuge, Software, Medien

Dassault ist ein Name, der zumal bei Militärs weltweit bekannt ist. Zu den Käufern seiner *Mirage*-Kampflugzeuge zählten z.B. Frankreich, Israel, Australien und Kolumbien, Saddam Husseins Irak oder das Apardheit-Südafrika. Die jüngste Entwicklung, der Jäger *Rafale*, fand 2009 im Zuge eines Sarkozy-Besuchs in Brasilien womöglich dort seinen ersten Auslandskunden.[23] Tochtergesellschaften des Unternehmens sind u.a. in der Softwareentwicklung und im Immobiliensektor tätig.

---

[22] Vgl. „Der Präsident der Kamerascheinwerfer" in: Frankfurter Allgemeine Zeitung vom 10. Januar 2008
[23] Ein wichtiger Abschluss, da Frankreich als bisher einziger Abnehmer sonst auf den gesamten Entwicklungskosten sitzen bliebe. Das erste Serienmodell der Rafale war schon 1991 gestartet, mit Ende des Kalten Krieges sanken jedoch ihre Exportchancen erheblich. Das Flugzeug ist technologisch wesentlich anspruchsvoller und teurer als seine Vorgänger aus der Mirage-Familie, die in großen Stückzahlen auch an Dritte-Welt-Länder verkauft wurden.

Bei so anspruchsvollen Produkten lag der Einstieg ins Mediengeschäft denkbar nahe. Dassault besaß bis 2005/2006 über die *Socpresse* rund ein Drittel der regionalen Tagespresse sowie das Nachrichtenmagazin *L'Express*. Die *Socpresse* wurde an die belgische *Roularta*-Gruppe verkauft. Behalten hat Dassault allerdings die Tageszeitung *Le Figaro*, das konservative Leitmedium Frankreichs.

Am Unternehmensbereich *Lagardère Active* (Zeitschriften, TV, Werbevermarktung) ist *Dassault* mit 20 Prozent beteiligt.

Größter Einzelaktionär ist die Familie Dassault. Vorstandschef Serge Dassault war Klient von Sarkozys Anwaltskanzlei, die einst den Nachlass von *Dassault sen.* regelte. Für die UMP hält Serge Dassault einen Sitz im französischen Senat; er ist Förderer von „Reporter ohne Grenzen".

2.3.3 Bouygues: Bau, Mobilfunk, Fernsehen

Die *Bouygues SA* ist im Kern ein Bauunternehmen, das in Frankreich und im Ausland zahlreiche große Infrastrukturprojekte realisiert hat (Ärmelkanal-Tunnel, Stade de France, Flughafen-Terminal Charles de Gaulle, Hassan II.-Moschee in Marokko...). Das Unternehmen hat stetig diversifiziert und betreibt unter anderem eines der drei Mobilfunknetze Frankreichs, *Bouygues Telecom*, einen der größten Werbekunden des Landes.[24] Der Gesamtumsatz des Konzerns lag 2008 bei 32 Mrd €. Im Medienbereich kontrolliert Bouygues den größten Fernsehsender *TF1* und seine Tochtergesellschaften.

Vorstandschef Martin Bouygues war Trauzeuge bei Sarkozys Heirat mit Cécilia und ist Taufpate von beider Sohn Louis.

---

[24] Mit Spendings von 260 Mio € lag Bouygues Telecom 2008 auf Platz 5 (TNS media intelligence vom 21. September 2009)

2.3.4 Bolloré:
Gratisblätter, Zigarettenpapier und ein Elektroauto

Das Familienunternehmen *Bolloré* ist ein Mischkonzern, der u.a. Zigarettenpapier (OCB), Plastikfolien und Batterien herstellt, sowie Häfen und Plantagen in Übersee betreibt. Neu im Sortiment ist ein Elektroauto und damit ein Produkt, das sich höchster Wertschätzung der französischen Regierung erfreut.[25] Der Gesamtumsatz lag 2008 bei 7,3 Mrd €.

Sein Fernsehkanal *Direct 8* zählt mit 2,5 Prozent Zuschaueranteil zwar eher zu den kleinen, dafür ist das Unternehmen als Herausgeber von Gratiszeitungen sehr bedeutsam, sein Blatt *Direct soir* erscheint in Zusammenarbeit mit *Le Monde*.

Der eigentliche Einfluß Bollorés im Mediensektor ist der des Mittlers zwischen werbetreibender Wirtschaft und den Medien: Bolloré ist größter Einzelaktionär bei *Havas* und *Aegis*, die als Media- und Werbeagenturen zu den weltweit größten zählen und auch in der Marktforschung aktiv sind. *Havas* erzielte 2008 einen Umsatz von rd. 1,6 Mrd €, die französische *Aegis* kam 2007 auf 673 Mio £ – die Muttergesellschaft ist in Großbritannien registriert.[26] Bolloré hält als größter Einzelaktionär an beiden Unternehmen jeweils rund 30 Prozent und soll seit längerem deren vollständige Übernahme und Verschmelzung planen.

Der Marktforscher Bolloré ermittelt für die Wirtschaft also das Verhalten der Konsumenten, Bollorés Werbeagentur plant die entsprechenden Kampagnen und die Bolloré-eigene Media-Agentur bucht die erforderlichen Werbeflächen. Redaktionelle Inhalte liefert Bolloré noch nicht: Die Übernahme der französischen Tochter der Nachrichtenagentur *ap* scheiterte bislang am Widerstand der Belegschaft.

---

[25] Vgl. "Colbert auf der Überholspur – Frankreich drängt mit subventionierten Elektroautos an die Weltspitze. Die Nuklearindustrie freut sich". In: Süddeutsche Zeitung, 22. Oktober 2009

Auf der Jacht seines Freundes, des Firmenchefs Vincent Bolloré, hatte sich Sarkozy 2007 von den Strapazen des Wahlkampfes erholen können. Es sei nämlich Familientradition, so Bolloré, den führenden Köpfen der Nation Gastfreundschaft zu erweisen.[27]

2.3.5 Arnaud: Champagner und Wirtschaftspresse

Bernard Arnault gilt als reichster Franzose[28]. Er ist Hauptaktionär von *LVMH*. Diese Buchstaben stehen für *Louis Vuitton-Moët-Hennessy*, mithin für Konsumgüter der obersten Preisklasse. Zur Gruppe gehören *Radio Classique*, der Werbevermarkter *DI* und die Zeitschrift *Investir*. Bis 2007 besaß sie die Wirtschaftszeitung *La Tribune* (Auflage 90.000) die an Alain Weill von NextRadio verkauft wurde. Im gleichen Jahr erwarb Arnaud das größere Wirtschaftsblatt *Les Echos* (Auflage 125.000). Beteiligt ist Arnaud auch an der international tätigen Handelskette *Carrefour*, der zweitgrößten der Welt. Carrefour war 2008 mit Spendings von fast 300 Mio € der viertgrößte Werbekunde französischer Medien.[29] Auch Monsieur Arnault ist ein Trauzeuge des Präsidenten.

2.3.6 Vivendi

Vivendi, kurzfristig weltweit zweitgrößter Unterhaltungs- und Telekommunikationskonzern, sei hier nur mehr der Vollständigkeit halber genannt, im Rahmen dieser Untersuchung beschränkt sich seine Rolle derzeit auf den Bezahlsender *canal+*.

---

[26] Havas, Annual Report 2008, Aegis Annual Report and Accounts 2007
[27] FAZ, a.a.O.
[28] Economist, Nr.26/2007

Aus dem altehrwürdigen Wasserversorger *Générale des Eaux* sollte ab den 90er Jahren nach dem Willen Vorstandschefs Jean-Marie Messier ein internationales Medienimperium namens *Vivendi* werden. Im Jahr 2000 fusionierte Vivendi mit Seagram und erhielt so Hollywoods Universal Studios. Messiers aggressiver Expansionskurs endete jedoch mit dem Absturz der new economy, 2002 stand das Unternehmen mit 35 Mrd € Schulden am Rande der Insolvenz. Zur Schadensbegrenzung gründete man im Jahr 2003 die NBC-Universal: Seniorpartner war General Electric mit seinem amerikanischen TV-Network NBC. Vivendi brachte die Universal-Filmrechte ein, erhielt 3,3 Mrd Dollar und einen 20 Prozent-Anteil an dem neuen Unternehmen.[30] In den folgenden Jahren verkauften Messiers-Nachfolger die Filmsparte Vivendi Universal Entertainment und das Studio Babelsberg und konzentrierten sich auf die Bereiche Telekommunikation, Videospiele, Abo-TV und Musikproduktion. Zugekauft wurde 2006 die Bertelsmann-Tochter BMG Music Publishing, Vivendi besitzt damit die Rechte an rund einer Million Musiktiteln. Ende 2009 wurde schließlich die Beteiligung an NBC-Universal an den Mehrheitspartner General Electric abgegeben, der Erlös soll rund 6 Mrd Dollar betragen haben.[31]

---

[29] tns media intelligence vom 21. September 2009
[30] Diese 20 Prozent dürften der größte Anteil sein, den Ausländer jemals an einem US-Fernseh- oder Radioanbieter hielten, mehr ist nach amerikanischem Recht nicht zulässig.
[31] Handelsblatt, 1. Dezember 2009

2.4 Das Zusammenspiel: Staat, Wirtschaft und Medien

Den privaten Kontakten zwischen Staatsoberhaupt und Unternehmenslenkern entsprechen geradezu symbiotisch enge Bindungen zwischen Staat und Unternehmen als Institutionen. Das hat – unabhängig von der Person des Staatschefs – eine sehr lange Tradition, die sich wahlweise bis auf *Colbert*[32] oder die *planification*[33] der Nachkriegszeit zurückführen lässt und die zumal dann deutlich wird, wenn das Unternehmen prestigeträchtige Technologien anbietet. Zu Colberts Zeiten waren das Manufakturwaren, heute sind es Flugzeuge. Hochgeschwindigkeitszüge oder Atomkraftwerke. Im Falle Sarkozy „der vor wirtschaftlichem und industriellem Patriotismus keine Berührungsängste kennt und überzeugt ist, dass Interventionen im Wirtschaftsablauf sein Recht und seine Pflicht seien,"[34] kommen zu dieser Tradition außergewöhnlich gute persönliche Verbindungen. Sie datieren aus der Zeit als der Staatschef noch Bürgermeister der noblen Pariser Vorortgemeinde Neuilly-sur-Seine war. Auch das eine Folge der Konzentration von Eliten auf 2,2 Prozent der Landesfläche.

Die Big Player in Frankreichs Medienlandschaft sind in ihrem Kerngeschäft mithin auf den Staat angewiesen. Sei es durch Staatsaufträge oder durch (industrie-) politisch-diplomatische Förderung. Das gilt für den Absatz von Dassaults Kampfflugzeugen, für Bouygues' in- und ausländische Infrastrukturprojekte oder für Bollorés Investitionen

---

[32] Jean-Baptiste Colbert (1619-1683) war Finanzminister Ludwigs XIV. Er betrieb als wichtigster Vertreter des Merkantilismus systematisch die staatliche Förderung von Industrie und Außenhandel.
[33] Mit der planification sollte nach 1945 der industriell-technologische Rückstand Frankreichs aufgeholt werden, der Staat gab Investitionsschwerpunkte vor und förderte sie finanziell und politisch. Vgl. : Broder, Albert : *Histoire économique de la France au XXe siècle : 1914-1997*, Paris 1998.
[34] Uhlig Andreas, La France n'est pas une république bananière- Sarkozy und seine Mühen bei der Reform von Frankreichs Wirtschaft. In: Neue Zürcher Zeitung, 30. Juni 2009.

in Elektroautos und Projekte im einstmals französischen Afrika.[35] Ebenso für LVMH. Arnaults Luxusgüter sind zumal in den Ölstaaten und bei afrikanischen Potentaten gefragt.[36] Auch wenn sich Lagardère rein umsatzmäßig vom Flugzeuggeschäft emanzipiert hat, bleibt über EADS eine direkte Verbindung zur Politik – und ob der Einstieg in den gigantischen (Schul-)Buchmarkt der Volksrepublik China gänzlich ohne diplomatische Förderung geschehen konnte, erscheint fraglich.[37]

Ob nun der Staat oder die Unternehmen in dieser Symbiose den wichtigeren Part spielen, lässt sich nicht beantworten. Klar sein dürfte jedoch, dass in dieser Gemengelage die Medien kaum eine eigene Rolle spielen können. Es erscheint gleichsam allegorisch, wenn Madame Christine Ockrent Chefin des französischen Auslandsrundfunks wurde: Sie ist die Frau von Außenminister Bernard Kouchner.

2.4.1 Kooperation hinter den Kulissen: Eliten und ihre Rekrutierung

Verstärkt wird die Allianz zwischen Politik, Wirtschaft und Medien dadurch, dass Frankreich eine sehr überschaubare Elite hat. Auch unterhalb der Ebene von Trauzeugen des jeweiligen Präsidenten. Drastisch formuliert handelt es sich um „eine Oligarchie, die sich selbst reproduziert. Ihre Mitglieder, einerlei ob links oder rechts, jung oder alt,

---

[35] Auch 50 Jahre nach der Unabhängigkeit ist Frankreichs Einfluss in den afrikanischen Ex-Kolonien groß: Ihre Währung wird über den französischen Franc garantiert, womit sie Mitglied der Euro-Zone wurden, die Eliten sind französisch geprägt, direkte und indirekte Interventionen Frankreichs keineswegs selten.
[36] Vgl. L'express, N°3006 vom 12.-18 Februar 2009: Bongo, Obiang et Sassou-Nguesso, le patrimoine français des présidents africains.
[37] Lagardère Presseerklärung vom 15. Oktober 2009

gleichen sich... Im übrigen gedeiht das Regime der Salons und Clubs, die einer als Bühne nutzt, der nach oben will und darf."[38]

Dazu ein Blick auf die Rekrutierung dieser Elite: Die französische Republik versteht sich traditionell als eine durch die Verfassung definierte Wertegemeinschaft. Zumindest in der Theorie. Zu diesen Werten gehört das Bekenntnis zu einer gemeinsamen Kultur und zur französischen Sprache. Wer diesen Kanon – um nicht zu sagen: diese Leitkultur – akzeptiert, dem stehen, entsprechende Leistung vorausgesetzt, alle Wege nach oben offen. Aus diesem Grunde gibt es auch bewusst keine offizielle Statistik, die den Anteil von Migranten an der Bevölkerung ausweist. Anders als in der Bundesrepublik sind Polizisten, TV-Moderatoren und Kabinettsmitglieder mit sichtbarem Migrationshintergrund keineswegs selten. Schon 1946 war es ein Afrikaner aus dem Senegal gewesen, Léopold Senghor, der die höchst ehrenvolle Aufgabe bekam, die Verfassung der IV. Republik stilistisch zu redigieren.

Gleichwohl sind aus monarchischen Zeiten mehr als nur die Reste einer Ständegesellschaft übrig geblieben, was sich insbesondere in der Rekrutierung der Eliten zeigt.[39]

Bildung ist Voraussetzung für sozialen Aufstieg, allerdings ist in Frankreich weniger die Frage entscheidend „*was* haben Sie studiert?" als vielmehr „*wo* haben Sie studiert?" Für dieses „wo?" gibt es zwei Kategorien: Die „normalen" staatlichen Universitäten, mit derzeit über zwei Millionen Studenten und die gleichfalls staatlichen *grandes écoles*. Letztere haben zwar nur 130.000 Studenten, verfügen aber über 30 Prozent des Hochschulbudgets.[40] Der Abschluß an einer dieser Lehranstalten ist durchaus mit dem einer gut dotierten Lebensversicherung

---

[38] Kerber, Markus :Europa ohne Frankreich. Deutsche Anmerkungen zur französischen Frage, Frankfurt 2006, S.183
[39] vgl. Maurin, Eric: *La Peur du déclassement*, Paris 2009
[40] Liehr, S. 182

vergleichbar, 92 Prozent der Absolventen des Jahrgangs 2001 hatten zwei Jahre später eine unbefristete Arbeitsstelle, fast immer in gehobener Position und mit deutlich besserem Gehalt als andere Berufsanfänger.

Vergeben werden die Studienplätze nach einem rigorosen Auswahlverfahren – und hier qualifiziert sich signifikant oft, wer vorher das „richtige" Gymnasium besucht hat. Auf das „richtige" Gymnasium kommt man wiederum mit den „richtigen" Eltern. Bis zu 80 Prozent der *grandes écoles*-Absolventen sollen aus der Oberschicht stammen, oder, wie die Weltbank vorsichtig formuliert „der soziale Hintergrund der Studierenden spiegelt nicht die gesellschaftliche Wirklichkeit Frankreichs wider. Der Anteil der Studierenden mit einem sozialen Hintergrund in der upper class bzw. der oberen Mittelschicht hat stark zugenommen, während jener von Studierenden mit working class Hintergrund konstant rückläufig ist."[41]

Erst seit allerjüngster Zeit gibt es spezielle Zugangsverfahren für Studienbewerber aus sozial benachteiligten Gruppen.

Bei den *grandes écoles* genügt es, sich wenige Namen zu merken: Für Wirtschafts- und Sozialwissenschaften das *Institut d'études politiques („Sciences Po")* und die *Écoles normales supérieures,* für technische Führungspositionen die *École polytéchnique* des Verteidigungsministeriums, die *École des mines* – akademische Heimat vieler Atomkraftprotagonisten - und die *École des ponts et chaussées.*

---

[41] Weltbank: Adminstrative and Civil Service Reform – the civil service schools, 2009 (http://web.worldbank.org.)

2.4.1.1 Die École Nationale d'Administration

Die crème de la crème bildet freilich die *École nationale d'administration, ENA*. Sie ist auch für die Absolventen der vorgenannten *grandes écoles* gleichsam die Krönung ihrer Studien.

Die ENA ist dem Premierminister zugeordnet. Gegründet 1946 bietet sie ein zweijähriges Postgraduierten-Studium, das auch Ausländern offen steht.[42] Die Zulassung erfolgt nach einem schriftlichen und mündlichen Examen, das kaum 10 Prozent der Bewerber bestehen. Für den Ausbildungsjahrgang 2009 traten 1352 Bewerber an, 80 wurden aufgenommen.[43]

Nach erfolgreichem Abschlussexamen können die besten Absolventen auswählen, wo sie in der Staatsverwaltung beruflich einsteigen wollen. Zu den ENA-Alumni zählen die Präsidenten *Giscard d'Éstaing* und *Chirac*, ein halbes Dutzend Premierminister – Konservative ebenso wie Sozialisten – die Präsidentschaftskandidatin und ehemalige Vorsitzende der Sozialisten *Ségolène Royal*, sowie die ehemaligen Chefs des Internationalen Währungsfonds *Michel Camdessus* und *Jacques de la Rosière*. Um nur die Prominentesten zu nennen.

Der öffentliche Dienst ist jedoch nur *eine* berufliche Option für ENA-Absolventen, die „Énarques".[44] Was vergleichsweise oft vorkommt, ist der Wechsel zwischen Verwaltung, Politik, Wirtschaft, Medien und wieder zurück. Gleichsam archetypisch ist die Vita von *Nicolas Bazire*, Jahrgang 1957: Studium am *Institut des sciences politiques*, dann an der *ENA*. Tätigkeit am Obersten Rechnungshof, danach Kabi-

---

[42] Frankreichs Verwaltung war durch die deutsche Besatzung dezimiert bzw. durch die collaboration kompromittiert. De Gaulle beabsichtigte mit Gründung der ENA die Schaffung eines effizienten und überparteilichen Beamtenapparats, dessen Rekrutierung und Aufstieg allein nach Leistungskriterien erfolgen sollte. Ursprünglich in Paris angesiedelt, findet sich die ENA heute in Straßburg, was eine „europäische Orientierung" symbolisieren soll.
[43] Economist, 31. Oktober 2009, S.69
[44] Ein Wortspiel aus „ENA" und dem griechischen Wort für „herrschen".

nettschef des bürgerlichen Premierministers *Balladur*, anschließend Wechsel in die Leitung des Bankhauses *Rothschild*, seit 1999 Generaldirektor von Arnaults Medienholding. Bazire ist enger Berater von Präsident *Sarkozy* und war bei dessen Heirat mit *Carla Bruni* Trauzeuge.

Gut die Hälfte der Vorstandsvorsitzenden der 200 größten Unternehmen Frankreichs waren 2003 Énarques, darunter die von Air France, France Télécom und Renault. Énarques waren auch die Airbus-Lenker Louis Gallois und Louis Gautier. Nicht immer sind sie dabei erfolgreich.[45] Jean-Marie Messier führte ein einstmaliges Wasserwerk als Vivendi steil an die Spitze der internationalen Medienunternehmen und dann ebenso steil in den Abgrund; Jean-Yves Haberer hatte als Chef der Großbank Crédit Lyonais alles andere als eine glückliche Hand. Auch wenn der Crédit Lyonais die MGM-Studios kaufte.

In den Medien finden sich an ENA-Absolventen u.A. *Alain Minc*, Aufsichtsratsvorsitzender von *Le Monde* und als Sarkozy-Berater nach eigenen Angaben der Kopf hinter dem Werbeverbot für die staatlichen TV-Kanäle; *Marc Tessier*, 1999-2005 *président* des staatlichen Fernsehens und danach Berater eines Unternehmens für digitale TV-Technologie, *Jean-Paul Cluzel*, bis 2009 *président* des staatlichen Radios,[46] oder *Laurent Solly*, Berater Sarkozys und Generaldirektor des Fernsehsenders TF1.

Von den neun Mitgliedern der Medienaufsichtsbehörde CSA sind derzeit zwei ENA-Absolventen.

Gewiss: Auch in Deutschland hält man die Absolventen bestimmter Fachrichtungen für zu allem fähig. Das eigentlich Bemerkenswerte an der Liste der ENA-Absolventen ist aber, dass ihre Hoch-

---

[45] Centre national de la recherche scientifique, zit. In : Otzen, Ellen : Liberté, égalité and exclusivity. In : The Guardian vom 27.November 2003.
Eine Liste von Enarques, die als Wirtschaftslenker mehr oder minder spektakulär scheiterten, findet sich unter http://lepost.fr/article/2009/05/01/1517733-enarques-elites-ou-anarques.html.
[46] La famille des grands corps, in: Stratégies Magazine Nr. 1383 vom 29. September 2005

schule jährlich kaum 100 Absolventen hervorbringt, was rein rechnerisch und abzüglich Sterbefällen, allenfalls 6000 lebende Alumni insgesamt ergibt. Diese wiederum haben einen sehr ähnlichen sozialen Hintergrund: Kamen in den 50er Jahren noch 29 Prozent der ENA-Studenten aus Arbeiterhaushalten, so sank dieser Anteil konstant ab und lag beim Studienjahrgang 2006 bei 9 Prozent.[47]

Der gleiche soziale Hintergrund verbindet. Erst recht, wenn man berufliche Ambitionen und Studienerfahrungen teilt. Diese Verbindung wirkt im Berufsleben weiter, selbst wenn sich nicht alle Absolventen persönlich kennen - so die Ethnologin Irène Bellier 1992, die an den Anfang ihrer Untersuchung die Frage stellte, ob es sich bei den Enarchen um „einen Clan, eine Kaste oder eine mafiose Organisation" handle.[48] Zur praktischen Wirkung dieser Verbindungen stellen Neveu e.a. fünfzehn Jahre später beispielhaft fest: „Der Vorstandschef eines Konzerns oder der Leiter einer Sendergruppe sind womöglich Studienfreunde, vielleicht war der eine auch der Stabschef eines Ministers oder vor zehn Jahren der hohe Ministerialbeamte, der damals die Politik formulierte, die das Unternehmen betraf, für das er heute arbeitet."[49]

Präsident Sarkozy hat sich zwar mehrfach gegen derlei Netzwerke erklärt – er gehört zu jenen 90 Prozent der Bewerber, die von der ENA abgewiesen wurden[50] – doch erscheint es als fraglich, ob es sich denn überhaupt *ohne*, geschweige denn *gegen* einen „Apparat" regieren lässt. Zumal dann, wenn dieser in 60 Jahren gewachsen ist und neben der Ministerialbürokratie auch die Wirtschaft umfasst. Denn: „Die französische Gesellschaft ist ein Zweckverband von Freundesbeziehun-

---

[47] Studie der École normale supérieure, zit. In Otzen, a.a.O.
[48] Bellier, I.: Regard d'une éthnologue sur les énarques. In : L'Homme. Vol.32 (1992), Nr.121, S. 103-127. Belliers Aussagen fußen auf teilnehmender Beobachtung.
[49] Neveu,E./Baisnée,O./Frinault,T.: The Case of France, Rennes 2005, S.13
[50] Menudier, H.: Nicolas Sarkozy. Ein Leben für die Politik. In: Zur Debatte, 6/2008. S.44ff

gen. Nichts ist gegen diese Freundschaften gefeit, und alles kann durch derartige Beziehungen erreicht werden."[51]

Das gilt auch für die Medien, wie im Folgenden gezeigt werden soll.

---

[51] Kerber, a.a.O., S.32, vgl. auch Coignard, Sophie: La nomenklatura française, Paris 1986

3 Rechtsgrundlagen der Medienordnung

3.1 Pflichtsprache Französisch

„Die französische Sprache ist grundlegendes Element der kulturellen Persönlichkeit Frankreichs und seines nationalen Erbes" heißt es in Artikel 1 des Gesetzes zum Gebrauch der französischen Sprache von 1994.[52] Dementsprechend sind alle Medien des Landes verpflichtet, sich dieser „Sprache der Republik" zu bedienen.[53]

Für Radio und Fernsehen ist ihr Gebrauch in Art. 12 explizit vorgeschrieben, für die Einhaltung sorgt die Medienaufsicht CSA (siehe dort) notfalls mit Geldstrafen. Ausnahmen gelten lediglich für Originalaufführungen

Für Printmedien gilt die Vorschrift implizit. Wer sich nicht an das Sprachgesetz hält, dem droht nach Art. 15 der „völlige oder teilweise Entzug öffentlicher Fördergelder", womit praktisch alle Printmedien betroffen sind.

Reine Online-Medien werden erstmals 2010 gesondert staatliche Hilfen erhalten, damit fallen auch sie unter das Gesetz.

---

[52] Loi No. 94-665 du 4 août 1994 relative á l'emploi de la langue française
[53] Ausführlich dazu siehe : Machill, Marcel : Frankreich – Quotenreich. Nationale Medienpolitik und europäische Kommunikationspolitik im Kontext nationaler Identität. Berlin 1997

Fremdsprachige Medien, die in Frankreich erscheinen, müssen, sofern sie eine öffentliche Förderung erhalten, zumindest eine Zusammenfassung der Inhalte auf Französisch anbieten (Art.7).

Während deutsche Werbetexter mit englischen Claims Weltläufigkeit demonstrieren dürfen – oder so mangelnde Kreativität im Umgang mit ihrer Muttersprache kaschieren können – sieht es bei ihren französischen Kollegen gänzlich anders aus. Französisch in der Werbung ist Vorschrift. Egal ob in Anzeigen, Spots oder auf Werbeflächen in der U-Bahn. Notfalls hat unter dem fremdsprachigen Claim bzw. Wort eine Übersetzung zu stehen, wenn nicht, dann hat der Verursacher den „rechtswidrigen Zustand auf eigene Kosten zu beseitigen" (Art.3).

Die Ausführungsbestimmungen zu diesem Gesetz finden sich in einem sehr umfangreichen Rundschreiben des Premierministers von 1996.[54] Die Ausnahmen von der Regel betreffen Markennamen und etablierte Produktbezeichnungen. Es darf also „*Volkswagen*" stehen und auch „*Scotch Whisky*", nicht zwingend „*voiture populaire*" oder „*eau de vie d'Écosse*".

Der Werbevermarkter IP empfiehlt seinen Kunden gleichwohl „dringend die vorherige Abklärung".

Ohne Übersetzung zulässig ist, laut Rundschreiben des Premierministers, die englische Beschriftung von Einschaltknöpfen mit „on/off".

---

[54] Circulaire du 19 mars 1996 concernant l'application de la loi no. 94-665 du 4 août 1994 relative á l'emploi de la langue française. In : Journal officiel du 20 mars 1996

3.2 Die Verfassung: Pressefreiheit als Individualrecht

Die Verfassung der V. Republik kennt keinen Grundrechtskatalog, stattdessen gibt es, gleichsam als „Anhang", die Erklärung der Menschen- und Bürgerrechte vom 26. August 1789, die bis heute gültiges Verfassungsrecht ist. Darin heißt es:
Art. 11. Die freie Mitteilung der Gedanken und Meinungen ist eines der kostbarsten Menschenrechte. Jeder Bürger kann also frei schreiben, reden und drucken unter Vorbehalt der Verantwortlichkeit für den Mißbrauch dieser Freiheit in den durch das Gesetz bestimmten Fällen.

Das klingt zwar auf den ersten Blick nicht sonderlich anders als der Artikel 5 des deutschen Grundgesetzes,[55] der entscheidende Unterschied liegt jedoch darin, dass Frankreich *jedem Bürger* dieses Recht garantiert, nicht aber, wie das Grundgesetz, auch *den Medien*. Pressefreiheit ist mithin ein Individualrecht, es gibt keine „Medienfreiheit" i.S. des Art.5 GG. Medien können also nicht für sich beanspruchen, „eine öffentliche Aufgabe zu erfüllen, indem sie in Angelegenheiten von öffentlichem Interesse Nachrichten beschaffen, verbreiten, Stellung nehmen, Kritik üben oder auf andere Weise an der Meinungsbildung mitwirken."[56]

Für die Praxis bedeutet das: Journalisten können keine Auskunftspflicht bei Behörden und Staatsunternehmen einfordern, die sich

---

[55] Vgl. Grundgesetz, Artikel 5 [Meinungs-, Informations-, Pressefreiheit; Kunst und Wissenschaft]
(1) Jeder hat das Recht, seine Meinung in Wort, Schrift und Bild frei zu äußern und zu verbreiten und sich aus allgemein zugänglichen Quellen ungehindert zu unterrichten. *Die Pressefreiheit und die Freiheit der Berichterstattung durch Rundfunk und Film werden gewährleistet.* Eine Zensur findet nicht statt.
(2) Diese Rechte finden ihre Schranken in den Vorschriften der allgemeinen Gesetze, den gesetzlichen Bestimmungen zum Schutze der Jugend und in dem Recht der persönlichen Ehre (Hervorhebung durch den Verfasser –awl).

aus der Verfassung ableiten lässt.[57] Überhaupt bewegen sie sich bei der Beschaffung und Verwertung von Informationen generell auf unsicherem Terrain. Journalisten können sich vor Gericht nur als *Zeugen* auf ein Zeugnisverweigerungsrecht berufen,[58] nicht aber als *Angeklagte*. Sie müssen also ihre Quellen offen legen, wenn sie keine Verurteilung riskieren wollen.[59]

Frankreich befindet sich damit im Gegensatz zur Rechtssprechung des Europäischen Gerichtshofs für Menschenrechte. Ein Gesetzentwurf zum verbesserten Quellenschutz passierte in erster Lesung im Mai 2008 die Nationalversammlung, lag aber bei Abschluss dieses Manuskripts noch im Senat. Auch dieses Gesetz hätte aus journalistischer Sicht einen Mangel. Der Quellenschutz wäre nämlich „im Ausnahmefall und bei überwiegendem öffentlichen Interesse" hinfällig, stünde mithin zur Disposition der Politik.[60]

Die bestehende – und wohl auch die künftige – Rechtslage führt nun einerseits bei Journalisten und ihren Informanten zu einer gewissen Vorsicht, wenn es um heikle Themen geht, andererseits werden „*Journalistinnen und Journalisten ... für Hilfskräfte von Polizei oder Justiz gehalten – egal ob es um Politik, die Zerstörung von Feldern mit gentechnisch verändertem Saatgut oder um Doping im Sport geht. So werden Journalisten Jahr für Jahr von den zuständigen Behörden vorgeladen und aufgefordert, ihre Quellen zu nennen. Auch kommt die Polizei direkt in die Redaktion und durchsucht sie mitunter*".[61]

---

[56] Sächsisches Gesetz über die Presse vom 3. April 1992, §3(2)
[57] In Deutschland besteht diese Auskunftspflicht auch für Unternehmen in privater Rechtsform, die im Besitz der öffentlichen Hand sind. (LG München, Az: 9 S 8016/06; BGH Az: III ZR 267/06). Der französische Atomkraftwerkbetreiber EdF ist zu 85 Prozent in Staatsbesitz – und darf zu Sicherheitsfragen schweigen (Guéret, Eric: Albtraum Atommüll, Sendung auf arte am 13. Oktober 2009)
[58] Art. 109-2 cpp (Frz. Strafprozessordnung)
[59] vgl. Art. 35 Loi sur la liberté de la presse
[60] Ministère de la justice : Textes et réformes, http://www.textes.justice.gouv.fr/index.php?rubrique=10179&article=14256, Zugriff am 13. August 2009
[61] Frankreich: Journalisten als Hilfskräfte der Polizei, in: Reporter ohne Grenzen- Report, 4/2007

Die Lust am scharfzüngigen Kommentar, die man französischen Journalisten gerne attestiert, ist in diesem Lichte ein Ausfluß von Hilflosigkeit. Konstruktionsprinzip des Kommentars ist im Grunde das des „dialektischen Besinnungsaufsatzes" der gymnasialen Oberstufe, an den sich ältere Abiturjahrgänge womöglich noch erinnern: Ohne exakt die Sachlage zitieren zu können, kommt es darauf an, sie kritisch zu bewerten. Entscheidend sind nicht die Quellen, sondern die Stichhaltigkeit, mit der Spekulationen argumentativ untermauert werden. Der Kommentator ist damit durch das Individualrecht der Meinungsfreiheit geschützt. Nicht so der investigative Journalist.

Das Fehlen einer verfassungsmäßig garantierten Medienfreiheit hat historische Gründe, die – anders als etwa in den Vereinigten Staaten – eine kontinuierliche Entwicklung der Presse zur „vierten Gewalt" verhinderten.

Zwischen 1789 und 1958 traten in Frankreich 14 Verfassungstexte in Kraft, wechselten repressive und liberale Phasen: Napoleon I., Karl X., der „Bürgerkönig" Louis Philippe, Napoleon III. oder das Regime des Marschalls Pétain und die deutsche Besatzung bedeuteten tiefe Einschnitte – nicht nur – in die Medienfreiheit. Unabhängig von der jeweils geltenden Ordnung zeigten sich das Land und mit ihm seine Presse aber stets tief gespalten – in Republikaner, Monarchisten, Klerikale, Rechtsextreme und Linke. Wobei sich die Linke wiederum in Sozialisten, Syndikalisten, Anarchisten und Kommunisten zergliederte.

Sehr einflussreich war die Presse zumal in der III. Republik (1870-1940), doch standen die Blätter zu sehr im Dienste von Einzelpersonen, Interessengruppen und Parteien, als dass sie sich insgesamt als unabhängige, dem öffentlichen Interesse – oder zumindest dem Markt - verpflichtete Kraft hätten etablieren können.[62] Nicht selten waren sie sogar ganz eindeutig korrupt. „Französische Zeitungen verkaufen ihre Nachrichtenspalten genauso wie ihren Anzeigenraum" wunderte sich Ernest Hemingway in einer Reportage von 1923.[63]

In der IV. Republik (1944-1958) hatte die gedruckte Presse ihren Zenit bereits überschritten und mit der V. Republik (seit 1958) begann der Aufstieg der elektronischen Medien – und die dominierte der Staat, der mit einiger Berechtigung als demokratisch legitimierte Präsidialdiktatur auf Zeit bezeichnet werden kann: *„Das Volk hat mit seiner Wahl die ungeteilte staatliche Gewalt insgesamt auf den Präsidenten übertragen. Es gibt keine andere Gewalt, keine ministerielle, keine zivile, keine militärische, keine richterliche, die nicht auf den Präsidenten übertragen wurde und nicht von ihm wahrgenommen wird"*, so Präsident de Gaulle 1964.[64] Sein Informationsminister Alain Peyrefitte berichtet in seiner Autobiographie von zwei Telefonen in seinem Büro – Direktleitungen zu den Chefs der staatlichen Fernsehkanäle, mit denen er allabendlich die Nachrichtenauswahl besprach.[65]

Die Privatisierung von Radio und Fernsehen nach 1982 bedeutete, wie noch gezeigt werden soll, kein Mehr an Medienfreiheit, denn „die Vergabe der Privat-TV-Lizenzen entpuppte sich als reine „Vetternwirtschaft, in der abwechselnd machtpolitische Interessen der Sozialisten und in der Zeit von 1986-1988 der Neogaullisten bedient wurden".[66] Im Prinzip gilt das noch heute, worauf ebenfalls noch eingegangen wird.

Ohne Medienfreiheit fehlt ein wichtiger wirtschaftlicher Impetus, insbesondere im Bereich der Informationsmedien. Das mag erklären, warum französische Verlage kapitalschwach blieben, und/oder betriebswirtschaftlich vielversprechende Konzepte scheiterten – wie *Bild-*

---

[62] vgl. Martin, S.13-101
[63] Hemingway, Ernest : Government Pays for News in French Papers. In: The Toronto Daily Star, 21. April 1923
[64] zitiert in Dernières Nouvelles d'Alsace vom 29. September 2008
[65] Peyrefitte, Alain: Le mal français, Paris 1976

France oder *Bon Week* – und warum die Medienbranche heute von Mischkonzernen dominiert wird.

Bemerkenswert ist daher, dass der Giazzi-Report, entstanden 2008 im Auftrag von Präsident Sarkozy, vorschlägt, in die französische Verfassung eine Regelung aufzunehmen, die sich am amerikanischen Vorbild des First Amendment bzw. an Art. 5 des deutschen Grundgesetzes orientiert.[67]

3.3 Persönlichkeitsrechte und der Code Civil

Das Informationsrecht der Öffentlichkeit ist in Frankreich bedeutend weniger ausgebaut als in Deutschland:

Es gilt selbst bei Prominenten nur dann, wenn sich die Berichterstattung auf deren öffentliche Funktion bezieht oder diese ausdrücklich zugestimmt haben oder eine Erforderlichkeit der Geschichtsforschung vorliegt. Unbedingten Vorrang hat stattdessen der Schutz der Privatsphäre, wie ihn das Zivilgesetzbuch *(code civil – cc)* in Artikel 9 formuliert:

Jeder hat ein Recht auf Respektierung seiner Privatsphäre. Unabhängig vom Ersatz des entstandenen Schadens kann das Gericht die Zwangsverwaltung, Beschlagnahme sowie andere angemessene Maßnahmen anordnen, um Eingriffe in die Privatsphäre zu verhindern oder zu beenden; diese Maßnahmen können im Eilfall auch als einstweilige Anordnung ergehen.[68]

---

[66] Machill, S. 122
[67] „...*il semble essentiel, à l'instar de ce qu'on fait les États Unis ou l'Allemagne, de consacrer ce principe dans le socle même de l'organisation de la République*" (Giazzi, S.11)
[68] Art. 9 Code civil : *Chacun a droit au respect de sa vie privée. Les juges peuvent, sans préjudice de la réparation du dommage subi, prescrire toutes mesures, telles que séquestre, saisie et autres, propres à empêcher ou faire cesser une atteinte à l'intimité de la vie privée : ces mesures peuvent, s'il y a urgence, être ordonnées en référé.*

Der Art. 9 cc ist seit 1996 als eigenständige Anspruchsgrundlage anerkannt. Ein schuldhaftes Verhalten *(faute)* und der Eintritt eines Schadens werden generell unterstellt, entsprechende Ansprüche lassen sich relativ einfach beim Amtsgericht *(tribunal d'instance)* durch Zivilklage durchsetzen.

Das gilt grundsätzlich für jede Veröffentlichung, die den privaten Bereich berührt und erst recht dann, wenn sie vom Betroffenen als ehrenrührig eingestuft wird: In diesem Falle würde auch ein Wahrheitsbeweis dem Medium nicht weiter helfen.

Das Foto, das Präsident Sarkozy in Freizeitkleidung beim Paddeln an seinem kanadischen Urlaubsort zeigte und das deswegen Furore machte, weil in der in Frankreich veröffentlichen Version gewisse Speckröllchen wegretuschiert waren, ist nicht untypisch für die medienrechtliche Problematik des Art 9 cc: Der Präsident war hier eindeutig als Privatmann abgebildet, ein überragendes öffentliches Interesse an der Darstellung paddelnder Staatsoberhäupter ist wohl zu verneinen, auch für die Geschichtsforschung ist (noch) keine Bedeutung zu erkennen. Eine legale Veröffentlichung war also nur mit Zustimmung des Paddlers möglich. Und der – oder sein PR-Referent – sahen lieber das retuschierte Bild.

Gesponsert hatten die Kanada-Reise übrigens die leitenden Mitarbeiterinnen zweier Luxusgüter-Unternehmen, „alte Bekannte", wie der Präsident nach seiner Rückkehr einräumte.[69] Auch in diesem Fall hielt sich die Empörung französischer Medien in engen Grenzen.

Zwar gibt es auch in Frankreich eine florierende Klatschpresse,[70] doch kann diese faktisch nur veröffentlichen, was den jeweiligen Prominenten auch genehm ist. Die daraus resultierende Berichterstattung ist mithin reine PR.

---

[69] Sarkozys edle Gönner. In: Süddeutsche Zeitung, 21. August 2007
[70] Von 2001-2006 legte die Auflage der yellow press um 22 Prozent zu.

Bon Week, Regenbogenblatt eines Tochterunternehmens des deutschen Bauer-Verlags, kannte diese Spielregeln offenbar nicht und arbeitete stattdessen wohl nach denen des Mutterhauses: Im Dezember 2006 zeigte Bon Week eine Bildstrecke mit einem nicht mehr ganz jugendlichen Paar in Winterkleidung unter freiem Himmel, das einander eindeutig zugetan ist. Mal sitzen die beiden vertraut auf einer Kaimauer, mal gehen sie spazieren, einmal gibt der Herr der Dame einen – da beide eben in Winterkleidung – durchaus dezenten Kuss.

Die Dame war Marie Drucker, Moderatorin bei France 3, der Herr Überseeminister François Baroin, beide also zweifelsfrei Personen des öffentlichen Lebens.

Marie Drucker war nicht amüsiert: „Eine Zeitung hat es auf sich genommen, mein Privatleben offen zu legen. Ich werde gerichtlich gegen diese Zeitung vorgehen und Schadensersatz verlangen."
Die Leitung ihres Senders legte nach und bezeichnete den Bericht in Bon Week als „verabscheuungswürdige Praxis, welche die elementarsten Regeln des Journalismus verletzt"[71]

Nota bene: Was in Deutschland gängige Praxis ist, gilt in Frankreich selbst in den Augen einer Senderleitung – nicht etwa in denen irgendwelcher journalistisch unbedarfter Privater ! – als „verabscheuenswürdig".

Bon Week wurde vier Wochen später eingestellt. Der Verlag begründete den Schritt damit, dass Frankreichs Rechtssprechung „unnachgiebig und ausschweifend geworden" sei und „nicht mehr im Einklang mit dem Medienverhalten der Prominenten" stehe. Die immer zahlreicheren Prozesse würden die redaktionellen Möglichkeiten be-

---

[71] *"L'exposition par un magazine de la vie privée de salariés de France Télévisions, quelle que soit leur fonction, est une pratique abjecte, qui bafoue les règles les plus élémentaires du journalisme professionnel"* - Presseerkläruzng von France 3.Zitiert in http://www.actuzap-tele.com vom 13.12.2006.

trächtlich einschränken und den Verlag hindern, „journalistisch legitime Artikel zu veröffentlichen."[72]

Die Erklärung des Verlags markiert ein publizistisches Minenfeld. Auch in Frankreich betreiben Prominente intensiv Selbstvermarktung indem sie Privates mittels der Medien öffentlich machen. Angesichts der Rechtslage müsste das Medium aber vor einer Veröffentlichung in jedem Einzelfall herausfinden, wo der Promi nun die Grenze zwischen gewollter PR und geschützter Privatsphäre zieht.

3.4 Investigativer Journalismus und Strafgesetzbuch[73]

Investigativer Journalismus in Frankreich erfordert strenggenommen das Einverständnis dessen, der Gegenstand von Recherchen ist, mithin die Lösung der Quadratur des Kreises.

Die Artikel 226-1 und 226-2 des französischen Strafgesetzbuches, des *code pénal* (cp), stellen Bild- und Tonaufzeichnungen und deren Veröffentlichung als Antragsdelikte (226-6 cp) unter Strafe, die im privaten Bereich ohne Wissen und Einwilligung des Betroffenen erfolgen.

Das deutsche Strafgesetzbuch kennt zwar vergleichbare Tatbestände, ist aber „medienfreundlicher":

Die Verletzung der Vertraulichkeit des Wortes nach § 201 StGB „ist nicht rechtswidrig, wenn die öffentliche Mitteilung zur Wahrnehmung überragender öffentlicher Interessen gemacht wird" – und die sind gegeben, wenn Medien damit gravierende Rechtsverstöße öffent-

---

[72] http://www.123recht.net/Bauer-stellt-Pariser-People-Magazin-ein---angeblich-wegen-Justiz__a20642.html unter Berufung auf Agence France Presse vom 31. 1. 2007
[73] Der vollständige Gesetzestext findet sich - auch in Deutscher Übersetzung - unter http://archiv.jura.uni-saarland.de/BIJUS/codepenal/livre2/index.html

lich machen.[74] Ein Günter Wallraff konnte sich erfolgreich darauf berufen.

Anders in Frankreich: Der Stimmenimitator Gérald Dahan, eine bekannte Radio-Größe, hatte 2003 Premierminister Raffarin angerufen und sich als der Gesundheitsminister ausgegeben: Der Premier möge ihm helfen, er sei in „galanter Begleitung" in einem Rotlichtviertel von der Polizei aufgegriffen worden... Raffarin versprach seinem „Kabinettskollegen" die Sache unter den Teppich zu kehren. Ein Mitschnitt des Telefonats lief zweimal über den NRJ-Sender *Radio Rires et Chansons*. Probleme bekam indes nicht der Premierminister, z.B. wegen Strafvereitelung im Amt oder Begünstigung, vielmehr ließ Raffarin das Band beschlagnahmen und die Weiterverbreitung verbieten.[75]

Der deutsche „Anti-Stalking-Paragraph" 201a StGB stellt den unter Strafandrohung, der „von einer anderen Person, die sich in einer Wohnung oder einem gegen Einblick besonders geschützten Raum befindet, unbefugt Bildaufnahmen herstellt oder überträgt und dadurch deren höchstpersönlichen Lebensbereich verletzt", ebenso jenen, der diese Bilder verbreitet. Der französische code pénal spricht in Art. 226-1 wesentlich allgemeiner vom „Bild einer sich an einem privaten Ort befindenden Person": Das Foto vom Politiker mit dem bekanntzwielichtigen Geschäftmann beim Gespräch im Country Club zu veröffentlichen, wäre in Frankreich also strafbar, da es an einem privaten Ort entstanden ist. Anders in Deutschland, da ein Country Club zumindest einer beschränkten Öffentlichkeit zugänglich ist, weder Wohnung ist noch zum höchstpersönlichen Lebensbereich gehört.

---

[74] vgl. Lenckner, in Schönke-Schröder: Kommentar zum Strafgesetzbuch, § 201 RN 33a. Von Präsident Mitterand wurde bekannt, dass er aus privaten Motiven eine großangelegte Abhöraktion durchführen hatte lassen. Die öffentliche Empörung hielt sich in Grenzen
[75] Vgl. Raffarin victime d'un canular. In: Nouvel Observateur, 18. Juni 2004. http://tempsreel.nouvelobs.com/actualites/20040609.OBS0694/. Bezeichnenderweise fehlen die interessanten Passagen des Gesprächs.

Auch sonst kann Informationsbeschaffung vor Gericht enden. Wer amtliche Dokumente kopiert oder auf USB-Stick zieht sollte bedenken:

„Wer Urkunden, (...) Belege oder Schriftstücke oder sonstige Gegenstände(...) wegnimmt, die (...) einer öffentlichen Aufgabe betrauten Person, (...) aufgrund des jeweiligen Amtes überlassen worden sind, wird mit sieben Jahren Gefängnis und 700.000 FF Geldstrafe bestraft. Auch der Versuch wird mit denselben Strafen bestraft" (Art. 433-4 cp).

3.5 Agenda Cutting à la Française

Die Möglichkeit, dass ein Informant „auffliegt", ist bei aller Diskretion durchaus wahrscheinlich. Zum einen weil in Frankreich ein Grundrecht wie in Art. 13 GG fehlt,[76] zum anderen, weil es die *Zentrale Direktion für Inlandsaufklärung (DCRI)* gibt. Dieser Inlandsgeheimdienst, mit etwa 6000 Agenten, überwacht lt. Dekret von 1991 „Personen, die im politischen, wirtschaftlichen, sozialen und religiösen Leben eine signifikante Rolle spielen". Und dazu gehören eindeutig auch Medienvertreter. Diese Bespitzelung soll dazu dienen, dass „die Regierung die politische, wirtschaftliche und soziale Lage einschätzen und ihre Entwicklung antizipieren kann."[77]

Die DCRI ist also ein Meinungsforschungsinstitut? Nicht ganz: Im Ergebnis stehen „Notizen", sie gehen ohne Deckblatt und Anschreiben an Präsident und Premierminister.

Beim Inlandsgeheimdienst DCRI – Ulrich Wickert sprach von „französischer Stasi"–[78] sind die Akten von 2,5 Millionen Franzosen

---

[76] Vgl. Greciano, Ph.: Der Grundrechtsschutz in Europa: Ein Blick nach Frankreich. In: MRM-MenschenRechtsMagazin, 2/2006, S. 191-198
[77] vgl. im Folgenden: Snoop and Scoop. In: Economist, 1. November 2008, , S.32)
[78] in der Sendung „Kerner" vom Sendung vom 23. September 2008, die gleiche Wortwahl traf auch der sozialistische Abgeordnete Armand Montebourg

erfasst. Näheres zu seinem Wirken unterliegt allerdings dem „sécret défense" (siehe dazu unten).[79]

Derzeit geplant – und heftig umstritten – ist die Einführung eines zentralen Informationssystems namens *Edvige*.[80] Es soll die Daten aller Personen erfassen, die ein politisches, religiöses, gewerkschaftliches oder anderes, im öffentlichen Leben bedeutendes, Amt anstreben oder innehaben. Gespeichert werden dann außer Namen, Adresse, Telefonnummer und Autokennzeichen auch Informationen über Einkommen, Krankheiten oder geschlechtliche Neigungen. Darüber hinaus sollen auch Jugendliche ab 13 Jahren „die möglicherweise eine Gefahr für die öffentliche Ordnung darstellen", erfasst werden.

Was der Inlandsgeheimdienst auch ohne dieses spezielle Informationssystem schon alles weiß, wurde im Oktober 2008 offenbar, als sein ehemaliger Chef Yves Bertrand Auszüge seiner „Notizen" im Nachrichtenmagazin Le Point veröffentlichte. Über die Art der Berichterstattung wunderte sich der *Economist*:

"*Britische Boulevardblätter hätten die intimsten Details auf die Titelseite gesetzt. Le Point beschränkt sich auf Hinweise ‚zur Bisexualität eines gewissen Ministers' oder auf ‚Pillen', die ein ehemaliger Minister in einem angesehenen Pariser Hotel schluckte'*".

Monsieur Bertrand wurde gleichwohl wegen Verletzung der Privatsphäre verklagt, ein Urteil war bei Abschluss des Manuskripts noch nicht bekannt.

Die legale Beschaffung von Informationen ist nicht unbedingt einfach. In der Bundesrepublik können Bundestag und 16 Landesparlamente Untersuchungsausschüsse einsetzen – was von der jeweiligen Opposition nicht ungern dazu verwandt wird, ein Thema längerfristig

---

[79] Renseignement intérieur- le site officiel du ministère de l'Intérieur, Zugriff am 14.Oktober 2009
[80] *Exploitation documentaire et valorisation de l'information générale*: Dokumentarische Nutzung und Auswertung allgemeiner Informationen.

am Kochen zu halten und die Medien damit zu versorgen. In Frankreichs Nationalversammlung darf die Opposition pro Jahr lediglich einen Untersuchungsausschuss beantragen und auch das nur zu Fragen, die *nicht* Gegenstand eines juristischen Ermittlungsverfahrens sind. Der Justizminister kann ein solches aber problemlos anordnen, wenn parlamentarisches Nachbohren verhindert werden soll. Kommt dennoch ein Ausschuss zustande, muss er innerhalb von sechs Monaten seinen Bericht vorlegen, danach darf es ein Jahr lang keinen Nachfolgeausschuss geben.[81]

3.5.1 Sécret défense

Häufig geübte Praxis ist es auch, Sachverhalte zum „verteidigungsrelevanten Geheimnis", *sécret défense*, zu erklären, wobei es den Behörden selbst überlassen bleibt, die jeweiligen Kriterien zu definieren.[82] Dass der Ermessensspielraum dabei sehr breit ist, mag folgender Fall zeigen: Der Journalist Guilleaume Dasquié hatte in Le Monde vom 17. April 2007 aus Unterlagen des Auslandsgeheimdienstes DGSE zum 11. September zitiert. Sieben Monate später – sic! –, am 7. Dezember 2007, durchsuchte die Polizei seine Wohnung und beschlagnahmte das Material. Dasquié wurde festgenommen und 27 Stunden lang verhört. Eine Gerichtsverhandlung gab es Ende Juni 2008 – darüber, ob das Ermittlungsverfahren denn überhaupt rechtens sei.[83]

---

[81] http://www.assembleenationale.fr/deutsch/Informationsverfahren.asp.
Die Themen, zu denen Untersuchungsausschüsse eingesetzt wurden, sind denn auch vergleichsweise wenig brisant, so zum Beispiel der Untersuchungsausschuss über die Lebensbedingungen des Wolfs in Frankreich und die Weidewirtschaft in den Berggebieten (Mai 2003)
[82] vgl. Art. 413-9 cp.
[83] Secret des sources: L'affaire Dasquié en appel. In : Nouvelobs.com vom 26. Juni 2008

Es ist sehr seltsam, dass ein Geheimdienst über ein halbes Jahr braucht, um zu merken, dass er eigentlich eine undichte Stelle herausfinden sollte. Das secret défense umfasst auch die Nukleartechnologie, möglicherweise ein Grund dafür, dass Reaktorstörfälle in Frankreich weniger Medienresonanz finden als in der Bundesrepublik. „Geheim" sind zuweilen auch persönliche Schicksale: Im Jahre 1996 waren zwei französische Militärpiloten in die Hände der bosnischen Serben geraten und gefoltert worden. Misshandlungen, die als secret défense gehütet werden sollten.[84]

Während Waffenexporte in der Bundesrepublik regelmäßig öffentlich diskutiert werden, unterliegen sie in Frankreich dem secret défense. Und mit ihnen die Gegenleistungen der Käufer. Möglicherweise rüttelt ein Pensionär am secret défense. Ex-Innenminister Charles Pasqua wurde im Oktober 2009 wegen eines Waffengeschäfts mit Angola („Angolagate") zu Gefängnis verurteilt: Er soll als Gegenleistung mehr als eine Million Euro Wahlkampfhilfe erhalten haben-[85] vor reichlich 15 Jahren. Pasqua, ein Herr mit dem typischen Zungenschlag des französischen Südens, dazu: „Ich fordere...vom heutigen Präsidenten, die militärische Geheimhaltung über alle Waffenverkäufe aufzuheben. Nur so kann man herausbekommen, ob Schmiergelder geflossen sind und wer davon in Frankreich profitiert hat."[86]

Monsieur Pasqua ist 82 Jahre alt. Und damit wohl frei von Ambitionen und Rücksichtnahmen.

---

[84] Focus Nr.2/1996, „Tarnen und Täuschen"
[85] http://www.tagesschau.de/ausland/angolagate100.html
[86] http://www.tagesschau.de/ausland/angolagate100.html

3.5.2 Hilfskonstruktionen

Ein Video mit Präsident Sarkozy wurde seit Juli 2008 zum Publikumsrenner auf *www.rue89.com* : Der Staatschef sitzt in einem Fernsehstudio des staatlichen Senders *France3*, wird gerade geschminkt und macht sehr eigenwillige Bemerkungen über Fernsehjournalisten. Auf Sendung ist er noch nicht – und wohl gerade deshalb besonders unverkrampft in seinen Äußerungen. Das Video kam auf fast drei Millionen Klicks, was dem Präsidenten gar nicht recht war. Allerdings griff hier der Art.9 code civil nicht, war „Sarko" doch nicht als Privatmann im Studio sondern als Präsident und ein TV-Studio ist alles andere als ein privater Raum. Dass Kameras vorhanden und sogar eingeschaltet sind, lässt sich in dieser Umgebung zwingend unterstellen.

Eine Strafverfolgung wegen illegaler Beschaffung oder Weitergabe von amtlichem Material im Sinne des Art. 226 cp. schied ebenso aus, wie ein Berufen auf das sécret défense.

Auf Druck des Präsidenten fand die Leitung von France3 gleichwohl einen juristischen Ausweg. Die Strafanzeige gegen die Urheber des Videos erfolgte wegen „Diebstahls, Hehlerei und Fälschung".[87]

---

[87] http://www.rue89.com/making-of/pourquoi-il-fallait-diffuser-la-video-off-de-sarkozy-sur-france-3; siehe auch: „Ungeschminktes aus der Maske", in: Süddeutsche Zeitung vom 3. April 2009. – In Sachen „Diebstahl und Hehlerei" geht France 3 wohl davon aus, dass jemand einen sendereigenen Datenträger zur Aufzeichnung der inkriminierenden Sarkozy-Bilder verwendete und nach Außen trug. Die „Fälschung" ist nach Art.441-1 cp „jede arglistige Veränderung der Wahrheit, die einen Schaden verursachen kann". Strafandrohung: Drei Jahre Haft und 50.000 € Geldstrafe.

3.6 Spezielles Medienrecht

Französisches Medienrecht ist ebenso verschachtelt wie detailverliebt und, zumindest für den deutschen Betrachter, in seiner Systematik sehr gewöhnungsbedürftig. Der Grund dafür liegt einmal mehr im Fehlen einer verfassungsmäßig garantierten Medienfreiheit, als übergeordneter, absoluter Norm, aus der alle weiteren Regelungen konsequent abzuleiten wären.

3.6.1 Regeln zur Medienkonzentration

Das *Gesetz zur Reform der Rechtverhältnisse der Presse*[88] gilt für „gedankliche Äußerungen in schriftlicher Form, die sich an die Öffentlichkeit im Allgemeinen oder an Teilöffentlichkeiten richten und in regelmäßigen Abständen erscheinen". Damit sind Zeitungen, Zeitschriften und, seit Juni 2009, auch online-Publikationen erfasst.

Wesentliche Bestimmungen des Textes finden sich mehr oder minder wörtlich auch in den Pressegesetzen der deutschen Bundesländer, so
- die Impressumspflicht, mit Nennung der redaktionell Verantwortlichen (Art.5)
- das Trennungsgebot von redaktionellen Inhalten und bezahlter Medialeistung, wie Werbung bzw. PR. Bezahlte Medialeistung ist kennzeichnungspflichtig, bei Zuwiderhandlung drohen 30.000€ Geldstrafe und/oder ein Jahr Haft (Art.9, Art. 12,4).[89]

---

[88] Loi No. 86-897 portant réforme du régime juridique de la presse, Version consolidée au 14 juin 2009.
[89] Wie in Deutschland, so ist auch die Frankreich die praktische Wirkung dieses Trennungsgebots fraglich. Der *nice matin*, führendes Blatt an der Küste der Reichen und der Schönen, berichtete z.B. in einer ganzseitigen Reportage von der überaus geglückten, aufwendigen Restaurierung einer alten

Eigentliche Absicht des Gesetzes war es jedoch, die Konzentration auf dem Tageszeitungsmarkt zu verhindern. Konkreter: Die Sozialisten, die 1984 den Präsidenten und die Parlamentsmehrheit stellten, wollten eine weitere Expansion des ihnen nicht gerade freundlich gesonnenen Großverlegers *Robert Hersant* stoppen. Kein Unternehmen sollte nun mehr als 10 Prozent der Zeitungsauflage insgesamt kontrollieren, bei überregionalen Tageszeitungen lag die Konzentrationsschwelle bei drei Titeln und 15 Prozent der Auflage.[90] Betroffen war ausschließlich Hersant, der 20 bzw. 38 Prozent der Auflagen kontrollierte.

Sein Konzern wurde 1985 listig zerlegt: Durch die Zusammenfassung seiner Tageszeitungen in den Überseegebieten und einiger Regionalblätter unter dem Dach der Gesellschaft France Antilles wurde die Konzentrationsschwelle unterschritten. Geleitet wurde France Antilles von Hersant-Sohn Phillippe. Die übrigen Titel firmierten nun unter der Socpresse mit Hersant sen. an der Spitze. Grund der Zerlegung war weniger das Gesetz der Sozialisten – das laut Urteil des conseil constitutionel ohnehin nicht rückwirkend angewendet werden durfte – als der Wunsch, weiter zu expandieren.

1986 verloren die Sozialisten ihre Mehrheit in der Nationalversammlung an die Konservativen. Deren Gesetzesänderung folgte mehr oder weniger unmittelbar darauf.

Nach der seitdem gültigen, entschärften Fassung gilt: Bei Tageszeitungen *(presse quotidienne de l'information politique et générale)* sind bei Strafandrohung die Eigentumsverhältnisse am Medi-

---

Yacht. Bebildert ist der Text mit Ansichten vom geschmackvollen Interieur. Das Schiff könne nun gebucht werden: *„Zu absolut konkurrenzlosen Preisen...eine Tagesmiete von 6000 Euro (Diesel inklusive) liegt unter dem üblichen Tarif und ist wirklich nicht viel, für ein Schiff dieser Schönheit".* Zu finden war der Text auf der bei Werbetreibenden sehr beliebten letzten Seite. (nice matin, 27. Juli 2009)
[90] Loi No. 84-937 vom 23. Oktober 1984, in: JORF vom 24. Oktober 1984, S. 3323

um im Impressum offen zu legen, ebenso ein etwaiger Eigentümerwechsel.[91]

Wird der Verlag in der Rechtsform einer Aktiengesellschaft geführt, dann dürfen ausschließlich vinkulierte Namensaktien ausgegeben werden;[92] ausländische Gesellschafter müssen sich auf 20 Prozent der Anteile bzw. Stimmrechte beschränken, es sei denn, ein zwischenstaatliches Abkommen sieht anderes vor.[93]

Die Konzentrationsschwelle liegt nun bei 30 Prozent der frankreichweiten Gesamtauflage „der täglich erscheinenden Blätter gleicher Art". Die Übernahme des Verlags einer Tageszeitung durch einen anderen ist untersagt, wenn diese Schwelle überschritten wird.[94]

Die Konzentration des Zeitungsmarktes konnte mit dieser Regelung nicht wirklich gebremst werden. Einerseits, weil kleinere Verlage ins wirtschaftliche Abseits gerieten, da ihnen eine Kapitalbeschaffung über die Börse erschwert wurde. Andererseits weil offenbar niemand die Marktanteile genauer nachrechnete: Über die Einhaltung von Kartellgesetzen wachte die Regierung nach eigenem Ermessen. Eine Wettbewerbsaufsicht „mit Biss" wurde erst 2009 geschaffen.[95]

Hersant sen. kaufte auch nach 1985 weiter Zeitungen auf. Er hatte ein persönlich überaus gutes Verhältnis zu Präsident Mitterrand.[96]

---

[91] Loi No. 86-897 portant réforme du régime juridique de la presse, Version consolidée au 14 juin 2009, Art.5
[92] ebd., Art. 4. Solche Papiere lauten auf einen bestimmten Inhaber und dürfen nur mit Genehmigung der sie ausgebenden Gesellschaft erworben werden
[93] ebd., Art. 7 – diese Vorschrift zielte a priori darauf ab, US-amerikanische Medienunternehmen vom französischen Markt fern zu halten.
[94] ebd., Art.11
[95] Loi de modernisation de l'économie n° 2008-776 vom 4. August 2008. Näheres siehe unter: www.autoritedelaconcurrence.fr
[96] In den 50er Jahren war Hersant mit Mitterrands Unterstützung für die linke Fédération de la Gauche Démocratique et Socialiste in die Nationalversammlung gewählt worden, später verteidigte er Mitterrand gegen Vorwürfe, ein Attentat gegen sich selbst inszeniert zu haben und förderte dessen erste Präsidentschaftskandidatur. In den 60er Jahren brach Hersant mit der Linken und fand seinen Weg zur konservativen UDF von Valéry Giscard-d'Estaing, für die er schließlich ins Europa-Parlament einzog.

Beim Fernsehen sind je Eigentümer maximal ein Frankreich-
weiter analoger Sender und sieben digitale zulässig, ab einer Reichwei-
te von acht Prozent der Zuschauer dürfen einzelne Gesellschafter
höchstens 49 Prozent des Kapitals bzw. der Stimmrechte halten. „Die

Tab.3.1. :

„Zwei aus drei": Konzentrationsschwellen in Frankreich

	National	Lokal
TV	Ein oder mehrere terrestrische Angebote mit einer Reichweite von bis zu 4 Mio Einwohnern	Ein oder mehrere Programme, die in einer definierten Region* empfangbar sind
Radio	Ein oder mehrere Sender mit einer Reichweite bis zu 30 Mio Einwohnern	Ein oder mehrere Sender mit einer potentiellen Reichweite von insgesamt bis zu 10% der Bevölkerung in einer definierten Region*
Print	Eine oder mehrere Zeitungen mit einem Anteil von bis zu 30% an der nationalen Auflage	Eine oder mehrere Zeitungen in der definierten Region*

* „Definierte Region" meint in der Praxis „Verbreitungsgebiet"
Nach: Giazzi, S.30 und Autorité de la concurrence: Décision n° 09-DCC-72 du 14 décembre 2009 relative à la prise de contrôle exclusif de la société EBRA par la Banque Fédérative du Crédit Mutuel

damit vorgeschriebene Marktstruktur garantiert nicht notwendigerweise einen Pluralismus auch der Inhalte".[97]

Beim Frankreich-weiten Radio ist die Konzentrationsschwelle von maximal 30 Mio Hörern praktisch irrelevant, da sich die großen Anbieter als *radios périphériques* nicht auf französischem Hoheitsgebiet befinden (vgl. Kap. 4.2.0).

Um eine cross media-Konzentration zu verhindern, gilt die Regel „nur zwei von drei" *(deux sur trois)*, d.h. kein Unternehmen darf im Radio, Fernseh- und Printbereich zugleich engagiert sein, sondern hat sich auf höchstens zwei Geschäftsfelder beschränken (Siehe Tabelle 3.1.).

Wie lange diese Regeln noch bestehen ist ungewiß. Präsident Sarkozy und seine Umgebung sehen in ihnen ein Hindernis für die Entwicklung französischer global player im Medienbereich.

3.6.2 Medienstrafrecht:
Das Gesetz über die Freiheit der Presse

In Frankreich gilt das Opportunitätsprinzip, d.h. die Staatsanwaltschaft entscheidet, ob sie eine Sache verfolgen will oder nicht, jedoch kann sie einen Fall jederzeit wieder aufgreifen, solange er nicht verjährt ist. Darüber hinaus haben Private stärkere Beteiligungsmöglichkeiten am Strafprozeß, können Anträge auf Ermittlungsmaßnahmen stellen und haben das Recht auf eine begründete Entscheidung.[98] Für die Medien ist das insbesondere deshalb von Bedeutung, weil Kapitel IV des Gesetzes über die Freiheit der Presse zahlreiche Straftatbestände auflistet,

---
[97] Lancelot, S.14
[98] Vgl. Hübner,U. / Constantinesco, V.: Einführung in das französische Recht, München 1999, S.131ff

deren Verfolgung nicht allein im Ermessen der Staatsanwaltschaft steht.

Für Pressedelikte gilt das Recht der zwei Tatorte. Wer sich durch ein Medium in seinen Rechten verletzt fühlt, kann also entweder am Erscheinungsort des Mediums klagen oder dort vor Gericht gehen, wo er von der Verletzung erfährt. Dieser „fliegende Gerichtsstand" ist aber vergleichsweise unbedeutend, denn anders als in den USA ist die Gesetzeslage landesweit einheitlich, anders als in der Bundesrepublik ist aus Frankreich auch keine isolierte Spruchpraxis einzelner Gerichte bekannt, die diese für den Kläger besonders „attraktiv" machen würde.[99]

Im Unterschied zur Bundesrepublik können in Frankreich auch juristische Personen strafrechtlich verurteilt werden, der Höchstsatz der auf sie anzuwendenden Geldstrafe entspricht dem Fünffachen des Satzes, der in dem Gesetz, das die Tat unter Strafe stellt, für natürliche Personen vorgesehen ist (Art. 131-38 cp), bei elektronischen Medien bis zu drei Prozent des Nettoumsatzes.

Codes of Conduct gibt es auch in Frankreich. Sofern das Unternehmen aber nicht in den USA börsennotiert ist, sind sie aber eher eine modische Arabeske als rechtlich relevant. Manager aus der zweiten Reihe, die aus eigenem Antrieb Gesetze verletzen, sind in Frankreichs strikt hierarchischen Unternehmenskulturen allenfalls als Bauernopfer vorstellbar. Für solche aus der ersten gelten andere Regeln.[100]

---

[99] Medien, die z.B. auf der französischen Tropeninsel Réunion erscheinen, sollten sich gleichwohl davor hüten, Inhalte mit justiziablem Inhalt auch im Mutterland zu vertreiben: Erhalten sie eine gerichtliche Vorladung, so beträgt die Frist zwischen Ladung und Gerichtstermin grundsätzlich zwanzig Tage, sie verlängert sich um jeweils einen Tag je 50km Entfernung zwischen Gerichtsort und Wohnsitz des Geladenen. Zwischen Réunion und Paris liegen gut 16.000km Der Geladene hat also reichlich ein Jahr Zeit, die Reisekosten anzusparen. Die Regelung stammt aus dem Jahr 1881 – darum wird die Entfernung auch in „myriamètres" angegeben (Loi sur la liberté de la presse, Art.54).
[100] Siehe dazu:. Welge, Martin / Holtbrügge, Dirk: Internationales Management. Theorien. Funktionen. Fallstudien. Stuttgart 2006. Uhlig Andreas, La France n'est pas une république bananière-

Das „Gesetz über die Freiheit der Presse" galt 1881 als eines der liberalsten weltweit, weil es die *unternehmerische* Freiheit Zeitungen zu gründen und Bücher zu verkaufen festschrieb. Diese Freiheit besteht zwar nach wie vor, doch handelt es sich bei dem Text im Kern um ein Presse*straf*gesetz, das mit großer Akribie regelt, was Medien *nicht* berichten dürfen. Das betrifft besonders sein Kapitel IV, das für alle Mediengattungen gilt. Der Persönlichkeitsschutz – auch der kollektive – hat dabei eindeutig Vorrang vor der Informationsfreiheit, ebenso der Schutz staatlicher Interessen. *„Der wichtigste Schutzmechanismus für die Informationsfreiheit besteht in den sehr kurzen Verjährungsfristen von drei Monaten".*[101]

Aus Sicht eines bundesdeutschen Journalisten ist positiv anzumerken: Die aufgezählten Straftatbestände sind größtenteils schon in anderen Gesetzen unter Strafandrohung gestellt, das Gesetz über die Freiheit der Presse gewährt aber bei der Verjährung gleichsam einen Presserabatt. Das könnte als Versuch interpretiert werden, zwischen den etablierten Interessen des Persönlichkeitsschutzes und den Bedürfnissen einer modernen Informationsindustrie einen Ausgleich zu finden. Dafür spräche auch die Tatsache dass – obwohl das Gesetz ursprünglich aus dem Jahre 1881 stammt – etwa die Hälfte seiner derzeit gültigen Paragraphen erst nach dem Jahr 2000 eingefügt wurden. Negativ fällt auf: Die verkürzte Verjährungsfrist ändert nichts an den strafbaren Tatbeständen und an den Strafandrohungen, die bis zu fünf Jahren Haft bzw. 135.000 Euro Geldstrafe reichen.

Sarkozy und seine Mühen bei der Reform von Frankreichs Wirtschaft. In: Neue Zürcher Zeitung, 30. Juni 2009. Überspitzt-bösartig aber cum grano salis zutreffend: Clarke, S.: A year in the Merde, London 2005

[101] *"Le principal mécanisme protecteur de la liberté de l'information réside dans un délai de prescription très court, soit trois mois (article 65)".* Charon, S. 24

Das legt den Schluß nahe, das Gesetz solle „generalpräventiv" wirken, oder weniger juristisch ausgedrückt: Es soll einschüchtern.

Vertreter von Boulevardformaten bundesdeutschen Zuschnitts, aber auch von „Spiegel" und „Stern" stünden in Frankreich jedenfalls permanent mit einem Bein vor Gericht

3.6.2.1 Presserechtliche Verantwortung

Eine „periodische Druckschrift" bedarf keiner Genehmigung (Art. 5), muss aber einen juristisch Verantwortlichen benennen (Art.6). Sein Name und seine Anschrift sind nicht nur in der betreffenden Druckschrift anzugeben, sondern vorab bei der Staatsanwaltschaft zu hinterlegen (Art.7). Juristisch Verantwortlicher ist grundsätzlich der Eigentümer, also der Verleger oder Mehrheitsgesellschafter, bei Kapitalgesellschaften der Vorsitzende des Vorstandes *(président-directeur général)*. Ist dieser Verantwortliche aus irgendwelchen Gründen nicht zur Rechenschaft zu ziehen, greift die sogenannte „Kaskadenhaftung": Die Justiz hält sich dann an den (Chef-) Redakteur, geht das nicht, dann an den Autor, schließlich an den Drucker und zuletzt gar an den Zeitungsverkäufer (Art.42). Im Vergleich zu den Regelungen in den deutschen Pressegesetzen ergibt sich bereits daraus eine gewisse Einschränkung journalistischer Spielräume. Deutsche Verleger können im Zweifelsfall auf die Trennung von Verlag und Redaktion und die journalistische Unabhängigkeit ihrer Mitarbeiter verweisen, ihre französischen Kollegen stehen grundsätzlich selbst in der Pflicht – und werden dementsprechend bemüht sein, ihr Risiko zu mindern.

3.6.2.2 Gegendarstellung

Das Recht auf „Erwiderung" *(reponse)* ist weiter gefasst als das deutsche auf Gegendarstellung. Während in Deutschland nur Tatsachenbehauptungen gegendarstellungsfähig sind, können Privatleute in Frankreich ein Erwiderungsrecht bereits dann beanspruchen, wenn sie in der gedruckten Presse namentlich *(„nommées)* oder identifizierbar *(„désignées")* in einem Beitrag erwähnt werden (Art. 13). In welchem Kontext dies geschieht ist nicht relevant.

Auf die *reponse* in elektronischen Medien wird unter 3.6.1. eingegangen.

3.6.2.3 Journalistische Inhalte als Pressedelikte

Kapitel IV widmet sich „Verbrechen und Vergehen, die durch die Presse und andere Publikationsorgane begangen wurden". Dazu zählen

- die „direkte Anstiftung" zu Straftaten,
- die Anstachelung zu Haß oder Diskriminierung gegen Einzelpersonen oder Gruppen aufgrund ihrer „Herkunft, ihres Aussehens, ihrer Nicht-Zugehörigkeit zu einer ethnischen Gruppe, Nation, Rasse oder Religion, ihres Geschlechts, ihrer sexuellen Orientierung oder Behinderung," sowie die Leugnung des Holocaust. Strafandrohung: 45.000 € Geldstrafe und fünf Jahre Haft (Art. 24). In solchen Fällen haben die jeweiligen Interessenverbände ein Klagerecht, die Verjährung liegt bei einem Jahr.

- die vorsätzliche Verbreitung falscher Behauptungen. Sofern diese den öffentlichen Frieden stören oder stören könnten, drohen 45.000 € Geldstrafe, wird dadurch die Wehrkraft gefährdet gar 135.000 € (Art. 27). Ein Strafrabatt für die Medien: Das Strafmaß liegt ansonsten bei fünf Jahren Haft (Art. 413-4 cp)
- Beleidigung bzw. üble Nachrede, definiert als „Äußerungen, die eine Person oder Körperschaft in ihrer Ehre herabsetzen". Dies liegt bereits vor, wenn solche Äußerungen als Frage oder Vermutung formuliert sind bzw. die betroffene Person oder Körperschaft zwar nicht ausdrücklich genannt aber identifizierbar ist (Art.29): Über einen Verdacht oder Gerüchte zu berichten, ist also verboten, auch wenn diese ausdrücklich also solche gekennzeichnet sind. Die beliebte Praxis deutscher Boulevardblätter hinter die Titelzeile ein salvatorisches Fragezeichen zu stellen (*„Neue Beweise gegen XY?"*) funktioniert in Frankreich also nicht. Im Gegenteil: In diesem Falle würde Böswilligkeit bis zum Wahrheitsbeweis unterstellt (Art.35). Trotz Wahrheitsbeweis strafbar bleiben solche Äußerungen dann, wenn sie sich auf das Privatleben beziehen oder auf Tatsachen, die mehr als zehn Jahre zurückliegen (Art.35).

Wie die Justiz auch bei der Verfolgung solcher Antragsdelikte durchgreift, zeigt folgendes Beispiel: In der Internet-Ausgabe der Tageszeitung Libération war 2006 ein Leserbrief erschienen, der sich auf die Verurteilung eines Unternehmers bezog, die aber noch nicht rechtskräftig war. Dieser fühlte sich beleidigt und klagte. Ende November 2007 erschien beim presserechtlich verantwortlichen Redakteur, Vittorio de Filippis, am frühen Morgen die Polizei. Er wurde beschimpft, abgeführt stundenlang verhört und zweier Leibesvisitationen unterzogen[102].

Untersagt sind zudem:
- Berichte über Verbrechen, die ohne Zustimmung des Opfers erfolgen und „dessen Würde verletzten": 15.000 € Geldstrafe (Art.35 quater)
- Die Beleidigung von in Frankreich akkreditierten Diplomaten: 35.000 € Geldstrafe (Art.37). Das deutsche StGB kennt in § 103 zwar den gleichen Tatbestand, macht aber seine Verfolgung davon abhängig, dass die ausländische Regierung diese verlangt und die Bundesregierung zustimmt. Wenn Frankreich auf diese Vorbedingungen verzichtet, dann womöglich deshalb, weil es zu Staaten sehr gute (Geschäfts-)Beziehungen unterhält, die in Sachen Menschenrechte und „good government" nicht unbedingt vorbildlich sind.
- Berichte über Vaterschafts-, Unterhalts-, Scheidungs- und Abtreibungsprozesse: 18.000 € Geldstrafe. Die (juristische) Fachpresse darf berichten, sofern die Anonymität der Betroffenen gewahrt bleibt, das Urteil darf generell veröffentlicht werden. (Art.39)
- Berichte über Minderjährige, die sich ihren Erziehungsberechtigten entzogen haben, Selbstmord begingen oder Opfer eines Verbrechens wurden. Sind diese Personen identifizierbar drohen 15.000 € Geldstrafe (Art. 39 bis)
- Berichte über die (wahre) Abstammung adoptierter Personen solange diese nicht seit wenigstens 30 Jahren verstorben sind:

---

[102] Plainte en diffamation : un journaliste traité comme un criminel in: http://www.snj.fr/ article.php3?id_article=759&var_recherche=delits, Zugriff am 11.August 2009

6.000 € Geldstrafe, im Wiederholungsfall zwei Jahre Haft (Art. 29 quater).
- Die Aufdeckung der Identität von Polizisten, Soldaten, Zollbeamten und Zivilangestellen des Verteidigungsministeriums, deren „Tätigkeit Anonymität erfordert." Dazu zählen auch die Agenten des Inlandsgeheimdienstes. Strafandrohung: 15.000 €. (Art.39 sexies, eingefügt im August 2009).
- Verboten sind Bilder, die Verdächtige oder Angeklagte in Handschellen oder Fesseln zeigen: 15.000 € Geldstrafe (Art. 35 ter)
- Verboten sind Spendenaufrufe zugunsten vor Personen, die zu Geldstrafen oder Schadensersatz verurteilt wurden: 45.000 € Geldstrafe bzw. sechs Monate Haft (Art. 40).

Verbandsklagerechte haben Organisationen

- zum Schutze des Andenkens an ehemalige Sklaven und deren Abkömmlinge, gegen Rassismus, ethnische, rassische und religiöse Verfolgung (Art. 48-1). Das betrifft in erster Linie CRAN, den einflussreichen Verband der Schwarzen in Frankreich
- zum Schutze des Andenkens und der Ehre französischer Widerstandkämpfer und Verschleppter (Art. 48-2)
- französischer Kriegsopfer und -veteranen (Art. 48-2)
- von Opfern sexueller Diskriminierung (48-4)
- von Behinderten (Art.48-6).

Diese Verbände können gegen Medien gerichtlich vorgehen, wann immer sie ihre Ziele oder Rechte bzw. die einzelner ihrer Mitglieder durch eine Veröffentlichung verletzt sehen. Der kollektive Persönlichkeitsschutz erfährt also eine zusätzliche Stärkung. Ein Grund dafür ist, dass in Frankreich geschätzte sechs Millionen Einwohner einen muslimischafrikanischen Migrationshintergrund haben und die extreme Rechte nicht selten zweistellige Wahlergebnisse erzielt.

Hassparolen vorzubeugen ist jedoch nur eine mögliche Wirkung: Das Andenken von Veteranen könnte deren Verband z.B. bereits verletzt sehen, wenn ein Medium die Rolle der französischen Armee im Algerienkrieg oder in Indochina problematisiert.

3.6.2.4 Zensur via Verbot der Tabakwerbung

Werbung für Tabak und Tabakprodukte ist in Frankreich gesetzlich verboten, doch umfasst die Definition weit mehr als nur Anzeigen, Plakate und Werbespots. Untersagt ist „jede Maßnahme, sei sie direkt oder indirekt, mit dem Ziel oder Ergebnis (sic!) Tabak oder Tabakprodukte positiv darzustellen".[103] So ein „Ergebnis" wird bereits dann unterstellt, wenn das geächtete Produkt in einem nicht eindeutig negativen Kontext erwähnt wird. Dazu zählen auch Pressefotos. Die TV-Zeitschrift Téle Loisirs erhielt eine Geldstrafe, weil sie Michael Schumacher mit dem Zündholzschachtel-großen Logo einer Zigarettenmarke am Overall zeigte. Ebenso verurteilt wurden Le Monde und der Figaro wegen Bildveröffentlichungen von Valentino Rossi, dem Motorrad-Weltmeister – der trug auf seiner Kombination und auf seiner Maschine den Schriftzug „Gauloises". Geklagt und obsiegt hatte ein Verband der Tabakopfer.[104] Vorsorglich zensiert wurde darob im Frühjahr 2009 das Plakat für eine Ausstellung der Pariser Verkehrsbetriebe: Auf einem historischen Bild fährt der Humorist und Regisseur Jacques Tati auf einem Rad, auf dem Gepäckträger einen Knaben. Im Original hält

---

[103] Loi n°76-616 du 9 juillet 1976 relative à la lutte contre le tabagisme, Article 2, geändert durch Loi n°91-32 du 10 janvier 1991 - art. 3, In: JORF 12 janvier 1991 en vigueur le 1er janvier 1993
[104] Focus, 4/2005, S.115

Tati seine Tabakspfeife im Mund, in der zensierten Fassung einen Fahrtwind-betriebenen Propeller am Stiel.

Auf deutsche Verhältnisse übertragen: Ein rauchender Helmut Schmidt in der Talkshow ? Klage ! Kanzler Erhardt mit dem Wohlstandssymbol Zigarre als Illustration zu „60 Jahre soziale Marktwirtschaft"? Klage ! Ein Bildbericht über eine Kunstflugsshow? Klage, wenn auf den Fliegern „Rothman's" steht !

3.7 Elektronische Medien

3.7.1 Radio und Fernsehen – Grundsätzliches

Bis 1982 wurden Radio und Fernsehen als Staatsmonopol betrieben, seither kennt Frankreich ein duales System mit staatlichen und privaten Sendern, die beide einer staatlichen Aufsichtsbehörde unterliegen.[105]

Die Regelungen zur medienrechtlichen Haftung sind analog der für Printmedien, die Strafandrohungen aus dem Gesetz über die Freiheit der Presse gelten auch für Radio und Fernsehen.

Jeder Sender hat einen juristisch Verantwortlichen zu benennen *(directeur de la publication),* da natürliche Personen keine Sendelizenz erhalten können, ist dieser in der Regel der Vorstandvorsitzende oder ein anderer gesetzlicher Vertreter des Senderbetreibers.[106] Auch hier gilt die Kaskadenhaftung (vgl. 3.5.2.1)

---

[105] Loi No. 82-652 du 29. juillet 1982 sur la communication audiovisuelle, version consolidée au 26. juillet 2009 und Loi No. 86-1067 du 30. septembre 1986 relative à la liberté de la communication. Die Radioprogramme von RTL und Radio Monte Carlo bildeten zu Monopolzeiten faktisch eine Ausnahme nicht aber rechtlich, da sie vom Ausland her nach Frankreich sendeten.
[106] Loi No. 82-652, Art. 93-2

Das Erwiderungsrecht ist im Vergleich zur gedruckten Presse modifiziert: Es gilt nicht mehr generell für jeden, der in einem Beitrag vorkommt, sondern für natürliche und juristische Personen, die sich in ihrer Ehre herabgesetzt fühlen; sie müssen zudem begründen, weshalb sie zu dieser Einschätzung kommen.[107]

Der Gebrauch der französischen Sprache ist für alle Sendungen vorgeschrieben, ausgenommen sind lediglich die Aufführungen musikalischer und filmischer Originalwerke, ebenso müssen alle Sender bestimmte Quoten mit französischen oder europäischen Produktionen füllen[108]. Erst seit der Verfassungsreform von 2008 ist auch die Verwendung von Regionalsprachen Frankreichs offiziell erlaubt.

3.7.1.1 Medienaufsicht: Der Conseil supérieur de l'audiovisuel / CSA

Die Medienaufsichtsbehörde CSA ist formal unabhängig. An der Spitze dieses „Obersten Rates für Rundfunk" *(Conseil supérieur de l'audiovisuel)* stehen neun Personen – in Frankreich als *„les sages*, die Weisen" apostrophiert – , jeweils drei ernannt vom Staatspräsidenten, dem Präsidenten der Nationalversammlung und vom Präsidenten des Senats. Die Herren Sarkozy (Staatspräsident), Accoyer (Parlamentspräsident) und Poncelet (Senatspräsident) gehören der gleichen Partei an, der UMP.

Der gegenwärtige, 2007 berufene CSA ist laut Frankfurter Allgemeiner Zeitung „so rechtslastig, dass man einen Alibi-Liberalen brauchte":[109] Rashid Arhab, einen in Algerien geborenen Journalisten. Zwei der *sages* sind Absolventen der ENA, einer kommt von der École Polytéchnique.

---

[107] Loi No. 82-652, Art.6
[108] Loi 86-1067 relative á la liberté de communication, Art. 20-1 und Art. 28
[109] Plan B – Frankreichs neue Medienaufsicht, in: FAZ vom 5. Februar 2007

Aufgaben des CSA sind:
- die Lizenzierung privater Radio und TV-Veranstalter,
- die Überwachung der einschlägigen Vorschriften,
- Vorschlagsrecht für die Auswahl der *présidents* der Dachgesellschaften der staatlichen Sender, also von *Radio France, France Télévisions* und von *RFO*, der Sendergruppe für die Überseegebiete,[110]
- Beratung der Regierung in Radio- und TV- Angelegenheiten,
- Frequenzzuteilung,
- die technische Verantwortung für „guten Empfang",
- die Gewährleistung eines gesellschaftlichen Pluralismus in den Programmen,
- die Organisation von Wahlsendungen.

An Sanktionsmöglichkeiten verfügt der CSA über
- Geldstrafen, die bis zu drei Prozent des Nettoumsatzes eines Senders betragen können, im Wiederholungsfall bis zu fünf Prozent (Art.42-2)[111]
- Aussetzung der Lizenz,
- Verkürzung der Lizenz-Laufzeit
- Bei schweren Verstößen: Antrag auf Lizenzentzug beim *Conseil d'Etat*, dem obersten Verwaltungsgericht.

Geahndet werden können insbesondere die Beleidigung bzw. Aufwiegelung zu Hass gegenüber Personen und Gruppen aufgrund ihrer Herkunft, ihres Geschlechts, der Zugehörigkeit zu einer ethnischen Gruppe oder Religion, Verstöße gegen den Jugendschutz, gegen die Kenn-

---

[110] Auf RFO, mit Sendern z.B. auf Martinique, Réunion und Neu Kaledonien soll hier und im Folgenden nicht näher eingegangen werden.
[111] Die Gesetzesverweise in diesem Kapitel beziehen sich, soweit nicht anders vermerkt, auf das „Gesetz über die Kommunikationsfreiheit" vom 30. September 1986, Stand Juli 2009 (Loi 86-1067 relative á la liberté de communication).

zeichnungspflicht von Werbung oder gegen die vorgeschriebene Verwendung der französischen Sprache. Als Wiederholungstäter gilt, wer innerhalb von zwölf Monaten mindestens zwei Verstöße begeht (Art.48-3).[112]

3.7.1.2 Programmauflagen

3.7.1.2.1 Politischer Pluralismus – per Stoppuhr

Alle Rundfunkanbieter sind gesetzlich auf politischen Pluralismus verpflichtet, was der CSA vermittels Stoppuhr sekundengenau verifiziert:[113] In Informationssendungen haben gemäß der „Drei-Drittel-Regel" Politiker von Mehrheitsfraktion, Opposition und Regierung Anspruch auf die gleiche Sendezeit. Der Präsident der Republik zählte dabei nicht, galt er doch als über allem Parteiengeplänkel stehend. Während sich die Präsidenten Mitterrand und Chirac vergleichsweise selten äußerten, ihr Anteil an der Sendezeit lag maximal bei 10 Prozent, erreichte Sarkozy gut 20 Prozent. Die oppositionellen Sozialisten klagten und erhielten vor dem *Conseil d'Etat* Recht. Seit Juli 2009 gilt nun eine

---

[112] Skyrock-Radio wurde im Juli 2008 ein Bußgeld von 200.000 € auferlegt – wegen Verstoßes gegen den Jugendschutz („Kein Sex im Radio vor 22.30"). Der Sender galt als Wiederholungstäter, hatte er doch wegen des gleichen Delikts 2006 schon 50.000€ Bußgeld bezahlen müssen. Im Einzelfall sieht es der CSA auch für nützlich an, Empfehlungen zur Sprachregelung: zu geben: Unerwünscht ist z.B. die Verwendung des Begriffs „*Behinderter*" („handicapé") weil er einen Menschen nur nach einem Merkmal charakterisiere. Erwünscht ist dagegen die Bezeichnung „behinderte *Person*" („personne handicapée"). In: La Lettre du CSA Nr. 218, Juli 2008 : L'emploi de „handicapé" comme substantif

[113] Ausführliche, sekundengenaue Tabellen dazu veröffentlicht der CSA unter http://www.csa.fr/infos/controle/television_pluralisme_detail.php. Hier erfährt man, dass z.B. die Partei der Grünen im März 2009 in den TF1 Nachrichten sechs Sekunden vorkam und die Kommunisten 14 Sekunden.

modifizierte Regel:[114] Präsidenten-Auftritte werden vom Zeitkonto von Regierung und Mehrheitsfraktion abgezogen, allerdings nur im Verhältnis 2:1 – spricht Sarkozy zehn Minuten, bekommt die Opposition fünf Minuten gutgeschrieben. Und auch das nur, wenn sich der Präsident als Politiker und nicht als Staatsmann äußert. Wie der CSA diese feinsinnige Unterscheidung umsetzt, bleibt abzuwarten, doch dürften seine Mitarbeiter Präsidentenauftritte künftig mit zwei Stoppuhren verfolgen.

3.7.1.2.2 Quotenregelung in Radio und TV

Alle Radio- und Fernsehsender sind verpflichtet, einen Mindestanteil „europäischer" Musik- und TV-Produktionen zu senden und einen Mindestprozentsatz des Vorjahresumsatzes zur Förderung solcher Werke aufzuwenden.[115] Näheres regeln im Einzelfall die *accords* und Pflichtenhefte (s.u.).

Bereits seit den 70er Jahren galt für das Fernsehen eine Quote, derzufolge 40 Prozent der ausgestrahlten Produktionen französischen Ursprungs sein mussten, was später in „europäischen Ursprungs" geändert wurde um nicht gegen den EU-Vertrag zu verstoßen. Die Radioquote kam 1996 dazu. Zwischen 6.30-22.30 Uhr müssen 40 Prozent der Musikstücke einen französischen Text haben, die Hälfte davon darf nicht älter sein als sechs Monate.

---

[114] Le CSA adopte un nouveau principe de pluralisme pour les temps de parole des personnalités politiques, Communiqué du 21 juillet 2009. http://www.csa.fr/actualite/communiques/communiques_detail.php?id=128930

[115] Siehe dazu: Machill, M.: Frankreich – Quotenreich. Nationale Medienpolitik und europäische Kommunikationspolitik im Kontext nationaler Identität.. Berlin 1997. Goldhammer, Klaus, e.a. (Hg.): Musikquoten im europäischen Radiomarkt. Quotenregelungen und ihre kommerziellen Effekte. München 2005, vgl. auch Becker, Christoph: Flat Eric und die Francophonie. Wie ein ausgeklügeltes Quotensystem im Radio zu einer Renaissance der Popkultur beigetragen hat. In: Die Zeit, 21. Juni 2000

Für „Oldie"-Sender gilt ein 60-Prozent-Anteil frankophoner Titel, dafür wurden die formatfeindlichen 20 Prozent der Neuproduktionen auf 5 Prozent abgesenkt. Pop-Formate hätten zwar gerne mehr als 20 Prozent Neuerscheinungen gesendet, standen aber vor der Frage, wie denn Instrumentaltitel oder französische Produktionen mit englischem Text zu behandeln seien. Für sie gilt nun die Regel, dass 35 Prozent der Songs einen französischen Text haben und 25 Prozent Novitäten sein müssen.

Relevant ist übrigens die Zahl der gesendeten Titel – nicht die Sendezeit: Anspielen genügt.

Ursache der Quotenregelung war der drastische Rückgang französischer Musiktitel von 5400 Veröffentlichungen (1988) auf 2400 im Jahre 1993. Kritiker sehen in ihr zwar „typisch französischen Merkantilismus", der seit Ludwigs XIV. Finanzminister Colbert eine Konstante der Politik sei, doch ist der Erfolg unbestritten: Während die anglo-amerikanische Musikindustrie auf den Mainstream baute und BMG sich von Interpreten trennte, die weniger als 25.000 Tonträger absetzten,[116] schuf Frankreich Raum für Innovation und Experimente. Um die Slots überhaupt füllen zu können, mußten die Labels Millionen investieren. Allerdings mit geringem Risiko, da die Quoten einen Mindestabsatz sichern. Tatsächlich ging die Zahl der Neuproduktionen nach Einführung der Quoten steil nach oben und sank erst mit der zunehmenden Verbreitung von Raubkopien via Internet.

---

[116] „BMG trennt sich von 60 Prozent der deutschen Künstler", in: pressetext deutschland vom 14. Juni 2004

3.7.2 Staatliche Sender

Staatliche Sender basieren in Frankreich auf Regierungsdekreten zu denen jeweils ein Pflichtenheft *(cahier des missions et des charges)* gehört, das den jeweiligen Programmauftrag und das Sendegebiet festlegt (Loi 86-1067, Art.43-11, Art. 48).
    Frankreich kennt keine unabhängigen Anstalten des öffentlichen Rechts. Staatssender sind Staatsbesitz (Art.47), dementsprechend kann die Regierung hier Sendezeit für „Erklärungen und Mitteilungen" beanspruchen, wann immer sie es für nötig erachtet (Art.54). Und nicht nur das.

3.7.2.1 Finanzierung

Der Staat finanziert seinen Rundfunk über eine Steuer *(contribution à l'audiovisuel public)* auf Fernsehempfänger, die im Allgemeinen Steuergesetzbuch geregelt ist. Sie ist der Entwicklung des Lebenshaltungskosten angepasst und beträgt derzeit 120 € pro Jahr. Steuerpflichtig ist jeder Wohnungsinhaber. Steuerpflichtiger Wohnungsinhaber wird man faktisch durch einen Anschluß beim (staatlichen) Elektrizitätsversorger EdF oder bei der Télécom, es sei denn, man erklärt gegenüber dem Finanzamt, kein TV-Gerät zu besitzen. Der Elektro-Einzelhandel und die Importeure sind zudem gehalten, die Käufer von TV-Geräten dem Finanzamt zu melden.[117]
    Mit dem Verbot der Fernsehwerbung zwischen 20.00 und 6.00 Uhr (s.u.) sind die Werbeumsätze zur Eigenfinanzierung staatlicher TV-Sender stark eingebrochen, zu diesem Verlust kommen erhöhte Programmkosten, da die weggefallenen Werbezeiten ja irgendwie ge-

---

[117] Code général des impôts, loi no. 2009-258 vom 5. März 2009, Art. 1605 und Art. 1605 quater

füllt werden müssen. Kompensiert werden diese Kosten durch eine Steuer von 0,9 Prozent auf die Umsätze von Festnetz-, Mobilfunk- und Online-Anbietern sowie durch eine Zusatzsteuer auf die Werbeumsätze privater Sender.[118] Letztere ist eher symbolischer Art: Gibt es verglichen mit 2008 ein Mehr an Umsatz, wird die Hälfte davon mit maximal drei Prozent versteuert.[119]

3.7.2.2 Organisation: Behörde mit demokratischen Arabesken

Die Dachgesellschaften der Sender, *Radio France* und *France Télévisions*, werden jeweils von einem Intendanten *(président)* und einem Verwaltungsrat *(conseil d'administration)* geleitet.

Die *présidents* ernennt seit März 2009 der Präsident der Republik.[120] Vorgeschlagen wird der Kandidat vom CSA. Der Gesetzestext lässt, entgegen aller französischen Liebe zum Detail, offen, wer in diese Vorauswahl kommt: Von einer Ausschreibung ist nicht die Rede, aber auch nicht davon, dass der Präsident der Republik *kein* Recht hätte, dem CSA Kandidaten vorzuschlagen. Die Ausschüsse für Kultur von Nationalversammlung und Senat könnten eine Ernennung jeweils mit einer 60 Prozent-Mehrheit verhindern; in der Nationalversammlung hält die Regierungspartei UMP gegenwärtig 55,3 Prozent der Sitze.

Sarkozy hatte sich bei der Änderung auf „mehr Ehrlichkeit und Transparenz" berufen, da das neue Verfahren sich faktisch nicht vom alten unterscheide. Das ist richtig. Etwas eigenartig mutet dagegen an, dass die dazu angeführte Rechtsgrundlage, Artikel 13 der Verfassung, eigentlich schon seit 51 Jahren gegeben war.

---

[118] Exakt mit Inkrafttreten des Werbeverbots wurde auch der entsprechende Artikel des Steuergesetzbuches geändert (Code général des impôts, Art. 302 bis KG).
[119] Vgl. TF1, Rapport annuel 2008, S. 31.
[120] Loi 2009-257 vom 5. März 2009

Die Verwaltungsräte beschließen über den Haushalt und ernennen die Generaldirektoren der einzelnen Sender ihrer Gruppe. Diese Aufgabe wird allerdings nicht im Gesetz festgeschrieben, sondern per Regierungsdekret, kann also ohne Parlamentsbeschluß geändert werden. Gesetzlich festgelegt ist dagegen die Zusammensetzung des Verwaltungsrates. Er hat bei *France Télévisions* 14 Mitglieder (bei *Radio France* 12), davon zwei Parlamentarier (2), fünf Vertreter der Regierung (4), fünf vom CSA ernannte „unabhängige Experten" (4) und zwei Personalvertreter (2). Da die CSA-Mitglieder nun ihrerseits von Angehörigen der Mehrheitspartei ernannt werden, sind zumindest derzeit gewisse Zweifel am Pluralismus der Verwaltungsräte erlaubt.

Das dürfte auch die Vorgehensweise im Falle des „Werbeverbots" bestätigen:

Am 9. Januar 2008 hatte Präsident Sarkozy verkündet, auf den Kanälen von *France Télévisions* solle ab dem 5. Januar 2009 zwischen 20.00 und 6.00 Uhr keine Werbung mehr gesendet werden. Das entsprechende Gesetz verzögerte sich wegen zahlreicher Änderungsanträge, konnte aber noch vor Weihnachten 2008 die Nationalversammlung passieren – nicht zuletzt deshalb, weil die Regierung mit der Vertrauensfrage gedroht hatte.[121] Die erforderliche Zustimmung des Senats, der zweiten Kammer, war aber wegen der Weihnachtspause frühestens für den 7. Januar 2009 zu erwarten. Am 5. und 6. Januar wäre Werbung also einerseits legal, andererseits aber rückwirkend verboten gewesen. Sollte der Senat die Gesetzesvorlage ähnlich ausführlich diskutieren

---

[121] Art. 49 der Verfassung war gleichsam ein Räumpanzer, mit dem parlamentarischer Widerstand plattgewalzt werden konnte: Die Regierung konnte Gesetzesvorlagen mit der Vertrauensfrage verbinden, „in diesem Falle gilt die Textvorlage als angenommen, wenn nicht innerhalb der darauffolgenden vierundzwanzig Stunden ein Misstrauensantrag eingebracht und (....)angenommen wird". Mit der Verfassungsänderung von 2008 gilt dies grundsätzlich nur noch für Vorlagen zu Haushalt und Sozialversicherung und für maximal einen „Sonderfall" je Legislaturperiode (Loi constituionelle 2008-724, Art.24)

wollen, wie zuvor die Nationalversammlung, dann stand womöglich der von Sarkozy gesetzte Zeitplan insgesamt zur Disposition.

Das Dilemma ließ sich lösen. Der président von France Télévisions, Patrick de Carolis erhielt einen Brief des Kulturministeriums; er solle die „notwendigen Maßnahmen in Betracht ziehen, um ein Werbeverbot umzusetzen". Datiert war das Schreiben mit dem 15. Dezember 2008. De Carolis beantragte daraufhin im Verwaltungsrat, FT solle „von sich aus" ein Werbeverbot beschließen, was am 16. Dezember 2008 auch prompt geschah.[122]

Diese Eile der Regierung erscheint umso bemerkenswerter, erinnert man sich an den Gesetzentwurf zum verbesserten Quellenschutz für Journalisten, der anderthalb Jahre nach seiner Verabschiedung in der Nationalversammlung noch immer im Senat der Dinge harrte.

Besagtes Schreiben des Kulturministeriums und der entsprechende Beschluß des FT-Verwaltungsrates wurden im Februar 2010 vom *conseil d'État* als oberstem Verwaltungsgericht für rechtswidrig erklärt. Derlei berühre die finanzielle Basis und damit die Unabhängigkeit des Senders und falle seit der Verfassungsreform vom Sommer 2008 in die Kompetenz des Gesetzgebers. Geklagt hatten „Madame B. und andere" – in ihrer Eigenschaft als Fernsehzuschauer.[123]

Faktisch änderte der Richterspruch nichts. Das *gesetzliche* Werbeverbot war im März 2009 gültig geworden.

---

[122] http://www.strategies.fr/actualites/medias/109168W/france-televisions-conseil-d-administration-aujourd-hui-pour-decider-de-l-arret-de-la-pub.html vom 16. Dezember 2008, vgl. auch: Hermann, L.: Chefsache. Frankreichs Präsident krempelt die Medienlandschaft seines Lands um. In: Journalist, 3/2009, S.62ff
[123] Conseil d'État, 11. Februar 2010, Mme B. et autres, Nos 324233, 324407

3.7.2.3 Inhaltliche Auflagen – auch im Detail

Begründet hatte die Regierung das Werbeverbot damit, dass es dem Staatsfernsehen „mehr Freiheit bei der Programmgestaltung" ermögliche, denn „unter dem Druck der Zuschauerquoten, der daher komme, dass man Werbeflächen verkaufen müsse" habe sich die Qualität der Sendungen verschlechtert.[124]

Mit einem ähnlichen Argument müssen sich auch die öffentlich-rechtlichen Sender in Deutschland auseinandersetzen, zugespitzt lautet es hier wie dort, dass steuerfinanzierte Programme sich an kein Breitenpublikum wenden dürfen.[125]

In Frankreich und noch dazu aus dem Munde der Regierung, des Eigentümers der Sender, klingt diese Behauptung zumindest seltsam: Ihre Pflichtenhefte, die als Regierungsdekrete im Range von Gesetzen stehen, legen Programmauftrag und -inhalt sehr präzise fest. Da heißt es z.B. „Programmplanung und Produktion haben die größtmögliche Vielfalt sicherzustellen" und in „Inhalt und Form beständig das gesellschaftliche Miteinander zu fördern",[126] ebenso habe der Sender „bei Achtung seiner redaktionellen Unabhängigkeit, über Sorgfalt und Pluralismus in seinen Programmen zu wachen, dies im Rahmen der Richtlinien seines Verwaltungsrates und der Empfehlungen des CSA".[127]

Es stellt sich also die Frage, warum die letztgenannten denn nicht längst eingeschritten waren, als sich abzeichnete, dass die Quotenjagd zu Lasten der Qualität ging. Dies erst recht, da das für den Hauptbetrof-

---

[124] Extrait du compte rendu du Conseil des ministres du 22/10/2008
[125] vgl. Jessen, J.: Die Quoten-Idioten. Warum ARD und ZDF die Zuschauer verachten. In: Die Zeit, Nr.36/2000. – Der öffentlich-rechtliche Rundfunk in der Bundesrepublik ist faktisch steuerfinanziert, auch wenn die Steuer auf Empfangsgeräte „Gebühr" genannt wird um Staatsferne zu symbolisieren.
[126] Décret No. 95-71 vom 20. Januar 1995, Präambel
[127] ebd., Art.2

fenen, den Sender *France 2,* gültige Pflichtenheft, ohnehin reichlich Möglichkeiten zur Intervention geboten hätte:
- Vorgeschrieben ist die Bekanntgabe des Programmplans zwei Wochen vorab, eine Änderung ist nur bei „unvorhersehbaren Ereignissen" zulässig (Art. 5), wie der Notwendigkeit aktueller Berichterstattung, Urheberrechtsfragen, Gerichtsentscheid, technischen Problemen und – sic ! – unvorhergesehen schwacher Zuschauerquote.[128]
- Sendungen zu Wissenschaft und Bildung haben zur weiterführenden Information der Zuschauer Literaturhinweise zu enthalten (Art. 29)
- Quizsendungen *(„Emissions de Jeu")* „müssen es erlauben, die Bereiche Geschichte, Kultur, Wirtschaft und Wissenschaft zu erkunden" (Art.31).
- Mindestens 10 Minuten pro Woche sind der Konsumentenaufklärung (Art.16) bzw. der Sicherheit im Straßenverkehr zu widmen (Art.17).
- Mindestens 120 Programmstunden pro Jahr müssen französische oder europäische Filme darbieten (Art.22) und mindestens 16 Programmstunden klassische Konzerte mit europäischen oder französischen Orchestern (Art.26).
- Auch Theater, Lyrik und Ballett haben ihren gesicherten Raum, die drei Bereiche dürfen auch zusammengefasst abgehandelt werden, doch darf die Dauer der einzelnen Sendung 52 Minuten nicht unterschreiten (Art. 24).

Angesichts solch präziser Regelungen ist es nicht verwunderlich, wenn laut vermutet wurde, Sarkozy habe mit dem Werbeverbot weniger die

---

[128] Entscheidung des CSA vom 26.1.2002 gegenüber France 2, in: Journal Officiel vom 19. März 2003

Qualität im staatlichen als seine Freunde im privaten Fernsehen im Sinn gehabt.[129] Dafür spräche auch der Umstand, dass sich der Werbemarkt für die privaten TV-Anbieter unbefriedigend entwickelt hatte. Ihr Zuwachs hatte 2007 bei 0,5 Prozent gelegen, während das gesamte Werbevolumen in Frankreich um 6,5 Prozent gestiegen war. Reflektiert wurde diese Entwicklung auch durch die Börsenkapitalisierung, die bei Bouygues' TF1 2008 um 43 Prozent eingebrochen war.[130]

Das Werbeverbot gilt übrigens nicht für die staatlichen Sender für die Überseegebiete. Über deren Programmqualität kann hier keine Aussage getroffen werden, allerdings ist auszuschließen, dass der Werbemarkt auf Martinique oder in Französisch Polynesien für die großen privaten Fernsehanbieter Frankreichs sehr interessant ist.

Gemäß dem Gesetz über die Kommunikationsfreiheit können die Journalisten staatlicher Sender nicht gezwungen werden, in ihrer beruflichen Tätigkeit gegen ihr Gewissen zu handeln (Art.44-IV), Stellenbesetzungen und Beförderungen haben ausschließlich nach Leistung zu erfolgen.

In der Praxis kann das so aussehen: Jean-Paul Cluzel, Absolvent der Elite-Akademie ENA, hatte als président von Radio France die ätzenden *(Le Monde: „de vitriol")* Radio-Kolumnen von Stéphane Guillon auf France Inter zu verantworten. An diesen morgendlichen Sendungen störte sich das offizielle Frankreich offiziell nicht – dazu sind sie zu populär, um nicht zu sagen „kultig".[131] Allerdings posierte président Cluzel dann mit nacktem Oberkörper und mit Latex-Maske für den Anti-Aids Kalender einer Schwulen-Gruppe. Und darüber zeigte sich Sarkozy „geschockt". Cluzel wurde abgelöst, sein Nachfolger Jean-Luc Hees, ein Radiojournalist, kommt von Radio Classique, das Bertrand

---

[129] vgl. Economist, 23.2.2008, S. 68
[130] TF1, Rapport d'activité 2008, S. 14
[131] Montags, dienstags und mittwochs übergießt Guillon von 7.55 bis 8.00 Uhr gleichermaßen Regierung und Opposition mit bärbeißigem Spott, Tabubrüche inklusive.

Arnault gehört, dem Chef des Luxusgüter-Anbieters LVMH und Trauzeugen von Sarkozy.[132]

3.7.3 Private Programmanbieter

Für die Vergabe einer Sendelizenz an Private gilt folgendes Verfahren:
- Der CSA schreibt Frequenz, Sendegebiet und Format aus,
- sichtet die Bewerber,
- schließt eine Übereinkunft *(accord)* mit dem erfolgreichen Bewerber, in der Programminhalte und Auflagen präzisiert werden und
- erteilt auf zunächst fünf Jahre eine Sendelizenz, deren Verlängerung möglich ist.

Lizenzfähig sind, sofern entsprechende Sachkunde und ein tragfähiges Finanzierungsmodell bestehen,
- Kapitalgesellschaften. Kein Anteilseigner darf mehr als 49 Prozent des Kapitals halten, Anteilseigner, die nicht aus einem Mitgliedsland des Europarats kommen, maximal 20 Prozent des Kapitals bzw. der Stimmrechte.[133] Eine Regelung, mit der US-amerikanische Unternehmen ferngehalten werden sollen.
- Unternehmen des sozialen Wohnungsbaus. Diese *Organismes d'habitation à loyer modéré* besitzen den Großteil der Wohnungen in den Trabantenstädten, den sozialen Brennpunkten der *banlieue*. Das Rundfunkrecht versucht hier das zu schaffen, was Stadtplaner versäumt haben, nämlich ein Gemeinsinn stiftendes Forum, ähnlich dem Dorfwirtshaus oder dem Marktplatz.
- Gebietskörperschaften.

---

[132] Le Monde, 19.März 2009
[133] Loi 86-1067 relative á la liberté de communication, Arts. 39 und 40

3.7.3.1 Inhaltliche Auflagen: Die accords

Die *accords* beinhalten nicht nur Rahmenvorschriften sondern sehr detaillierte und umfangreiche Regelungen zu Programmauftrag und -inhalten.

Was bei ihrer Lektüre zunächst auffällt: Wo in Deutschland ein Gesetz bzw. Staatsvertrag allgemein verbindliche Normen festlegen, wird in Frankreich in jedem einzelnen *accord* nochmals niedergeschrieben, was ohnehin schon im Gesetzestext steht.[134] So zum Beispiel Die, wenn auch mit anderen Worten umschriebene, Verpflichtung zur Einhaltung des Art.9 cc (TF1, Art.10; Eurosport France Art.2-3-4; M6, Art.10).
- Die Verpflichtung, Vorschriften des Jugendschutzes einzuhalten (TF1, Art. 15f).
- Die Verpflichtung zur gesellschaftlichen Ausgewogenheit des Programms (France2, Art.2; TF1, Art. 7; M6, Art.7).
- Die Verpflichtung zu journalistischer Sorgfalt (M6, Art.23; TF1, Art. 23).
- Die Verwendung der korrekten (sic!) französischen Sprache (F2, Art.4.), dazu ist ein Sprachpfleger zu bestellen (M6, Art.27).

Der Persönlichkeitsschutz wird über Art. 9 cc hinaus verfeinert: Für die Teilnehmer von Talkshows sind Ruheräume bereitzustellen, Despektierlichkeiten à la Dieter Bohlen haben zu unterbleiben (M6, Art.11). Vor Überraschungsgästen, die ihn kompromittieren könnten, ist der Teilnehmer französischer Live-Sendungen geschützt, er muß vorher erfahren, wer denn sonst noch kommt (M6, Art.12; TF1, Art. 12). Das Bloßstellen, beliebtes Stilelement deutscher Talkshows, ist also deut-

---

[134] Die Fließtext-Anmerkungen in Klammern kennzeichnen im Folgenden zunächst den jeweiligen Sender und dann den entsprechenden Artikel des *accord*.

lich erschwert: Gehörnte Ehepartner können sich seelisch, Politiker argumentativ vorbereiten.

Weiter zeigen die *accords* ein gewisses Misstrauen in die Kompetenz der Programmverantwortlichen, denn Informationssendungen müssen von *„journalistes professionels"* (vgl. 3.8) gemacht werden (M6, Art.23; TF1, Art. 23) – gerade die sollten aber auch ohne schriftlichen *accord* wissen, dass „nicht gesicherte Informationen in indirekter Rede zu formulieren" sind (M6, Art.20; TF1, Art.20).

Zwar handhabt der CSA die *accords* in der Praxis eher großzügig, doch bedeutet ihre bloße Existenz ein gewisses Drohpotential.

3.7.3.2 Redaktionelle Unabhängigkeit

Die redaktionelle Unabhängigkeit ist in jedem *accord* festgeschrieben: *„Die Betreibergesellschaft garantiert die redaktionelle Unabhängigkeit der ausgestrahlten Informationssendungen, insbesondere in Bezug auf die wirtschaftlichen Interessen ihrer Kapitaleigner. Sie unterrichtet den CSA über entsprechende Vorkehrungen"* (Art. 6, TF1)

Patrick Poivre d'Arvor („PPDA") mag das anders sehen. Nach über zwanzig Jahren als Anchorman der wichtigsten Nachrichtensendung des quotenstärksten (privaten) Senders TF1 durfte er sich durchaus als französische Institution betrachten – ähnlich einer kombinierten Wirkung von Günther Jauch und Ulrich Wickert in der Bundesrepublik. Bis er im Sommer 2007 den frisch gewählten Sarkozy zum G8-Gipfel in Heiligendamm interviewte.

PPDA: „Da haben Sie sich offenbar wohlgefühlt, fast ein bisserl euphorisch. Wie ein kleiner Bub, der jetzt bei den Großen dabeisein darf?"
Sarkozy: „Wie nett, dass Sie mich mit meinen 52 Jahren mit einem kleinen Buben vergleichen. Herr PPDA, Sie sind zwar ein paar Monate älter, aber mich als kleinen Buben zu betrachten...."
PPDA musste seinen Anchorman-Posten bald darauf räumen. Laut TF1 wegen „einer Modernisierung der Programmformate".[135] Seine Nachfolgerin Laurence Ferrari soll mit dem Staatspräsidenten mehr als nur befreundet gewesen sein. Gesichert ist: Sie ist die Tochter eines ehemaligen Abgeordneten der Sarkozy-Partei UMP. UMP-Mitglied ist auch der neue Nachrichtenchef von TF1, Hauptaktionär des Senders ist, wie schon erwähnt, Martin Bouygues, der Taufpate von Sarkozy jr.
Honi soit qui mal y pense.

Mit dem Wechsel zu Mme Ferrari, die als gelungene Symbiose von Anmut und Intellekt gilt, wurden die Themen der TF1-Hauptnachrichten softer und die Quoten geringer.

3.7.4 Online-Publikationen

Online-Publikationen *(services de presse en ligne)* sind erst seit Juni 2009 der gedruckten Presse und dem Rundfunk gesetzlich gleichgestellt.[136] Das ist nicht nur medienrechtlich relevant, sondern betrifft auch das Arbeits-, Steuer- und Sozialversicherungsrecht (vgl.3.8.).
Eine Anerkennung setzt voraus, dass Online-Publikationen
- kein reines Werbe- oder Verkaufsinstrument darstellen,
- sich an ein unbegrenztes Publikum wenden,

---
[135] http://www.digitalfernsehen.de/news/news_334308.html, Zugriff am 12. August 2009
[136] Loi No. 2009-669 favorisant la diffusion et la protection sur l'internet vom 12. Juni 2009

- eigene Inhalte von allgemeinem Interesse anbieten, die redaktionell bearbeitet und periodisch aktualisiert werden,
- gewerbsmäßig *(professionel)* von einer juristischen oder natürlichen Person betrieben werden und
- mindestens einen Journalisten beschäftigen.[137]

Private Blogs und persönliche Websites sind also nicht erfasst.

Auch diese *services de presse en ligne* haben einen presserechtlich Verantwortlichen zu benennen, der für user-Zuschriften strafbaren Inhalts allerdings nicht mehr haften muss, wenn er nachweist, dass er vorab keine Kenntnis von ihnen hatte oder sie ohne schuldhaftes Zögern löschen ließ.[138]

Das Recht auf Erwiderung bleibt jedoch ähnlich weit gefasst, wie bei der gedruckten Presse,[139] das restriktive Gesetz über die Freiheit der Presse gilt auch für Online-Publikationen. Benoît Raphaël, Chefredakteur von *lepost.fr* erklärt mit Hinweis darauf „wir checken vorsorglich alles doppelt".

Die ursprüngliche Intention dieses „Gesetzes zur Förderung der Verbreitung des Internets und der Stärkung des Urheberschutzes" ging freilich in eine andere Richtung, es sollten vorrangig Medienkonzerne und Rechtinhaber überhaupt vor illegalen Downloads geschützt werden. Bei Verstößen hätte z.B. bis zu einem Jahr Internet-Verbot gedroht. Der *conseil constitutionel* erklärte das Gesetz jedoch in weiten Teilen für nicht verfassungsgemäß.

---

[137] Loi sur la protection de la création sur l'internet, Art. 20
[138] ebd. Art. 93-3, auch Loi n°2004-575 du 21 juin 2004 pour la confiance dans l'économie numérique, i.d.F. vom 30 Oktober 2009, Art. 6,
[139] Loi n°2004-575 du 21 juin 2004 pour la confiance dans l'économie numérique, i.d.F. vom 30. Oktober 2009, Art 6 IV – siehe auch 3.5.2.2.

3.8 Journalisten und ihre rechtliche Stellung

Als *journaliste professionel* darf in Frankreich nur arbeiten, wer den amtlichen Journalistenausweis vorweisen kann, die *Carte d'identité des journalistes professionels*. Sie ist z.B. Voraussetzung um für Nachrichtensendungen im Fernsehen arbeiten zu können oder um bei Pressekonferenzen eingelassen zu werden. Nur mit *carte* ist es erlaubt, bei Gerichtsverhandlungen zu fotografieren. Vergeben wird der Ausweis – von der Gewerkschaft SNJ als „Sesam öffne dich" bezeichnet – von der mit Journalisten und Verlegern paritätisch besetzten *CCJP*, der *commission de la carte d'identité des journalistes professionels*.[140] Wird sie verweigert, ist Widerspruch bei der *commission supérieure* bzw. Klage bei den Verwaltungsgerichten möglich.

Die *carte* erhalten nur Mitarbeiter französischer Medien, Vertreter ausländischer werden durch das Außenministerium akkreditiert. Wer Karteninhaber werden kann, regelt das Arbeitsgesetzbuch:[141] Er muß für „ein Kommunikationsunternehmen" arbeiten und mindestens die Hälfte seines Einkommens aus journalistischer Tätigkeit beziehen. Eine tautologische Definition – Journalist ist, wer als solcher arbeitet. Da das Gesetz kein Mindesteinkommen nennt, besteht ein Ermessensspielraum der CCJP.

Auch Kamera- und EB-Leute können die *carte* erhalten, nicht aber Angehörige der PR- und Werbebranche, Pressesprecher und Angehörige des öffentlichen Dienstes, sofern sie nicht bei den staatlichen Medien angestellt sind.

Die Gründe für diese Einschränkungen liegen auch im Arbeits- und Sozialversicherungsrecht. Der Arbeitgeber spart bei den Karteninhabern 30 Prozent der Sozialabgaben. Journalisten wiederum konnten

---

[140] http://www.ccij.net/nav.hat,
[141] Code de Travail, Titre VI, Kommentiert unter http://snj.fr

bis 2008 generell einen steuerlichen Freibetrag von 7650 € geltend machen. Als Angestellter hat der *journaliste professionel* zudem einen gesetzlich garantierten Anspruch auf 13 Monatsgehälter, bezahlten Urlaub und Kündigungsschutz. Wechselt der Eigentümer des Unternehmens, können Journalisten unter Berufung auf eine „Gewissensklausel" gegen Abfindung kündigen.

4 Die Mediengattungen

4.1 Der Werbemarkt als wirtschaftliche Basis

Der französische Werbemarkt hatte 2007 ein Bruttovolumen von 14,6 Mrd $; in absoluten Zahlen erreichte er damit rund 60 Prozent des deutschen, auf pro-Kopf-Basis berechnet etwa 75 Prozent.

Tab.4.1.
Werbegeschäft der Medien in Frankreich und Deutschland

Medium	Werbeträgeranteile in Prozent	
	Frankreich	Deutschland
Tageszeitungen	25,6	42,1
Publikumszeitschriften	19,0	17,5
Fernsehen	32,4	26,0
Radio	7,2	4,3
Kino	0,8	0,7
Außenwerbung	10,3	5,1
Internet	4,6	4,3
Gesamtvolumen in Mio US-$	**14.595**	**24.306**

Bruttobeträge. Quelle: World Advertising Trends 2008, World Advertising Research Center, www.warc.com

Tab.4.2.:
Frankreichs wichtigste Werbekunden 2008

Unternehmen	Spendings in Mio €
Renault	414
SFR (Mobilfunk)	352
Orange (Mobilfunk)	308
Carrefour (Einzelhandel)	292
Bouygues Télécom	260
Leclerc (Einzelhandel)	234
Peugeot	218
Procter & Gamble	210
Unilever	203
Citroen	189
Quelle: TNS media intelligence vom 21. September 2009	

Ein Grund für dieses deutlich geringere Volumen liegt in der Struktur des französischen Einzelhandels,[142] dem größten Werbekunden der Medien[143]. In Frankreich dominieren die Hypermarchés, die von Weißbrot über Kosmetika und Staubsaugern alles unter einem Dach anbieten und häufig eine lokale Monopolstellung halten. Hier sind vier große Ketten vorherrschend – Carrefour, Leclerc, Auchan und Intermarché – die sich gegenseitig in Frieden lassen. Discounter, wie z.B. Aldi und Lidl, sind in Frankreich deutlich schwächer, im non-food Bereich halten sie einen Marktanteil von 13 Prozent, verglichen mit 30 Prozent in Deutschland. Dazu kommen gesetzliche Wettbewerbsbeschränkungen, wie das Verbot, Waren unter dem Einstandpreis abzugeben oder Herstellerrabatte an den Endverbraucher weiterzureichen.

---
[142] vgl. Economist vom 17. Mai 2008, S.36 und „Der Mythos lebt" in: Süddeutsche Zeitung vom 24. Mai 2009.
[143] Vgl. TNS media intelligence vom 21. September 2009

Der Einzelhandel kann sich also über weniger Konkurrenz und höhere Umsatzrenditen freuen und muß entsprechend weniger Werbung schalten. Der, verglichen mit Deutschland, höhere Inlandskonsum ist vor diesem Hintergrund zu relativieren: Franzosen kaufen nicht unbedingt mehr als ihre Nachbarn, bezahlen aber höhere Preise.

Diese Wettbewerbstruktur spiegelt sich auch in der Verteilung der Werbeaufwendungen auf die einzelnen Mediengattungen. Der Löwenanteil der Konsumausgaben wird weltweit in der unmittelbaren Umgebung zum Wohnort getätigt. Diese Verbraucher erreicht man nach wie vor am besten via Tageszeitung. Im wettbewerbsintensiven Deutschland brachte das den Blättern einen Anteil von 42,1 Prozent an den Werbeaufwendungen, in Frankreich halten sie nur 25,6 Prozent, denn wo der Einzelhandel stark überregional organisiert ist, gewinnen auch überregionale Werbeträger an Bedeutung. Das Fernsehen hält in Frankreich mit 32,4 Prozent den Spitzenplatz (Deutschland: 26 Prozent). Das Radio kommt auf 7,2 Prozent (Deutschland: 4,3 Prozent), zumal in Frankreich landesweite Programmangebote eine hohe Einschaltquote haben.

Bei den zielgruppen-spezifischeren Mediengattungen Publikumszeitschrift und Internet gibt es dagegen wenig Unterschiede: Erstere halten in Frankreich 19 Prozent (Deutschland; 17,5), das Net 4,3 Prozent (Deutschland 4,6).

4.1.1 Selbstkontrolle oder Werbezensur? Die ARPP

Die „Behörde zur berufsständischen Regulierung der Werbung", *Autorité de la Régulation Professionnelle de la Publicité"*, ARPP, ist ein Zwischending aus freiwilliger Selbstkontrolle von Werbekunden, Werbeagenturen und Medien und staatlicher Behörde. Sie soll darüber wachen, dass Werbung den Verbraucher nicht in die Irre führt, das Umweltbewußtsein fördert, die französische Sprache verwendet sowie ethisch und politisch korrekt ist.

Allein die Liste der Gesetze und Verordnungen, auf die sich die ARPP berufen kann, umfasst drei Seiten, dazu kommen 44 selbst aufgestellte Regelwerke.

Werbeleute haben also kaum weniger Auflagen zu beachten als Journalisten. Werbeveröffentlichungen sollten daher vorab unbedingt der ARPP zur – kostenpflichtigen – Begutachtung vorgelegt werden: Ihre Freigabe ist zwar rechtlich nicht zwingend vorgeschrieben, ohne den ARPP-Persilschein riskiert aber das Medium für die Botschaft in Haftung genommen zu werden – bei Radio und Fernsehen bedeutet das einen Bußgeldbescheid der Medienaufsicht CSA.

Laut ARPP Jahresbericht wurden 2008 rund 38.000 Werbebotschaften begutachtet, davon erreichten nur 37 Prozent auf Anhieb eine Zulassung, bei 61 Prozent wurden Änderungen „empfohlen", bei 2 Prozent wurde von einer Veröffentlichung „abgeraten".[144] Abgeraten wurde zum Beispiel dem Mineralölkonzern Total vom Claim „für Sie ist unsere Energie unerschöpflich", als ökologisch korrekt galt der ARPP stattdessen „unsere Energie ist Ihre Energie". Abgelehnt wurde im April 2009 der Werbespot für die DVD „Sarkoland" des Stimmenimitators

---

[144] ARPP: Rapport d'activité 2008

und Kabarettisten Gérald Dahan. Auf ihr parodiert Dahan den Staatspräsidenten. Begründung der ARPP: Werbung, welche „die weltanschaulichen, politischen oder religiösen Überzeugungen der Fernsehzuschauer verletzt" sei per Dekret von 1992 verboten.[145] Das staatliche Fernsehen lehnte es daraufhin ab, den Spot zu senden.

---

[145] Le Monde, 21. April 2009, siehe auch: Décret no. 92-280 vom 27. März 1992

4.2 Fernsehen

4.2.1 Überblick

Bis in die 80er Jahre wurde Fernsehen in Frankreich als Staatsmonopol betrieben. Im Jahr 1981 gewann erstmals seit 1958 die Linke die Mehrheit in der Nationalversammlung, mit François Mitterrand wurde erstmalig ein Sozialist ins Präsidentenamt gewählt. Mitterrand konnte keinesfalls als Freund des staatlichen Rundfunkmonopols gelten, war er doch als Verantwortlicher eines sozialistischen „Piratenradios" selbst einmal vor Gericht gestanden.

Beim Radio verlief der Abschied vom Monopol zügig – einerseits weil die Investitionsvolumina geringer waren, andererseits weil es nur einer Legalisierung des Status quo bedurfte. Anders beim Fernsehen: Schon kurz nach seinem Amtsantritt hatte Mitterrand erklärt, private Anbieter zulassen zu wollen, was er offiziell damit begründete, dass angesichts neuer Technologien Frankreich sonst international ins Hintertreffen geraten würde. Die erste private Lizenz erhielt 1984 *Canal+* von André Rousselet, einem Vertrauten Mitterrands.[146]

Die Privatisierungsideen des Staatsoberhauptes hatten auch den damals mächtigen Zeitungsmagnaten Robert Hersant auf den Plan gerufen, der auf Seiten des abgewählten bürgerlichen Präsidenten Giscard d'Estaing stand: Ein „rechter" TV-Kanal konnte aber nicht im Sinne der regierenden Linken sein. Eine kapitalkräftige Alternative zu Hersant war aber schwer zu finden, denn angesichts einer gerade erfolgten Verstaatlichung von Banken und Versicherungen konnte keine besondere Investitionsbereitschaft erwartet werden. Die nächste private TV-Lizenz ging so im November 1985 an ein Konsortium mit einem gewissen Silvio Berlusconi. Ein höchst erfolgreicher TV-Unternehmer, den italienischen Sozialisten nahe stehend und als Ausländer politischer Ambitionen unverdächtig. Jedenfalls damals.

Kurz danach, 1986, gewannen die Konservativen die Mehrheit in der Nationalversammlung zurück.[147] Ein Gegengewicht zu den von den Sozialisten hinterlassenen Tatsachen zu schaffen, erwies sich als nicht ganz einfach – einerseits wegen des erforderlichen Investitionsvolumens für den Aufbau eines neuen Senders, andererseits weil bereits zwei Konkurrenten zugelassen waren. Die Lösung fand sich in der Privatisierung des ersten Fernsehkanals: Der Investor erhielt gleichsam zum Festpreis und schlüsselfertig eine etablierte Marke, sein Risiko war also überschaubar. Überdies wurden die regierenden Konservativen den vergleichsweise linken Kanal los.

Mangels eines kapitalkräftigen Investors aus der Medienbranche ging der erste Kanal noch im Mai 1986 für günstige 4,5 Mrd Francs an ein Konsortium um den Bauunternehmer Francis Bouygues, Vater von Martin Bouygues.

Das klassische, analoge „Antennenfernsehen" dominierte bis in die jüngste Vergangenheit, nicht zuletzt deshalb, weil TF1-Geschäftsinteressen die technische Entwicklung bremsen konnten. TV-Empfang via Kabel und Satellit spielte verglichen mit Deutschland eine untergeordnete Rolle. Noch 2006 hatten zwei Drittel der Haushalte nicht mehr als sechs frei empfangbare Programme zur Auswahl, im Herbst 2009 schon deren 18[148].

---

[146] Neveu, E., e.a.: The Case of France, S. 13
[147] vgl. im Folgenden : Institut National de l'audiovisuel : François Léotard annonce la privatisation de TF1, http://www.ina.fr/fresques/jalons/notice/InaEdu01242/francois-leo…
[148] TF1, France 2, France 3, Canal +, France 5, M6, Arte, Direct 8, W9, TMC, NT1, NRJ 12, LCP-assemblée nationale / public sénat, France 4, BFM TV, I-Télé, Virgin 17 und Gulli

Tab.4.3. **TV-Empfang in Frankreich**

	Haushaltsabdeckung in Prozent	
	2008	2009
Analog	36,1	18,1
Digitales Free TV	26,6	42,0
Bezahl-TV (analoger und digitaler Empfang via Kabel und Satellit)	25,8	26,0
ADSL	11,6	14,0
Quelle: M6, Rapport financier I/2009		

Ursache für das erweiterte Programmangebot ist die Einführung des digitalen terrestrischen Fernsehens *TNT (Télévision Numérique Terrestre)*, die rapide Fortschritte macht. Damit wird nun auch der französische Fernsehmarkt zunehmend fragmentiert, was sich in den rückläufigen Marktanteilen der etablierten Sender widerspiegelt. Im Herbst 2010 sollen die analogen Sender ganz abgeschaltet werden, ihre Frequenzen will man versteigern und für das schnelle Internet nutzen.

Tab.4.4.
Der Fernsehmarkt in Frankreich
Zuschaueranteile 2008

Sender	Zuschaueranteil 2008 in %[1]	Veränderung zu 2007 in %	
		Absolut[2]	Relativ[3]
France Télévisions (staatlich)	33,3	- 1,9	- 5,4
France 2	17,5	- 0,6	- 3,3
France 3	13,3	- 0,9	- 6,4
France 4	0,9	+ 0,4	+ 125,0
France 5	2,6	- 0,4	- 13,3
Private			
TF1	27,2	- 3,5	- 11,4
Canal+	3,3	- 0,1	-2,9
Arte	1,5	- 0,2	- 11,8
M6	11,0	- 0,5	- 4,3
Andere	23,7	+ 6,2	+ 35,4

1) Zuschauer über 4 Lebensjahre im Jahresmittel. Elektronisch gemessen wird die Nutzung von 9479 Personen in 3845 Haushalten. Dieses Panel steht für eine Grundgesamtheit von rd. 26 Mio Menschen.
2) Bezogen auf den Gesamtmarkt
3) Bezogen auf den eigenen Marktanteil
Quelle: France Télévisions, Rapport Financier 2008, Médiamétrie

4.2.2 Staatliche Sender

Die staatliche Holding *France Télévisions, FT,* umfasst die Kanäle *France2, France3, France4, France5* und *RFO*.[149] Das Budget betrug 2007 insgesamt 3,6 Mrd €, davon kamen aus der Rundfunksteuer 2,74 Mrd € und aus Werbeumsätzen 860 Mio €, der Rest waren Staatszuschüsse.

Laut Pflichtenheften und Geschäftsbericht ist FT dem Guten, Wahren und dem kulturellen Erbe Frankreichs und Europas verpflichtet. Formell und inhaltlich orientiert sich FT aber an der privaten Konkurrenz, insbesondere der von TF1. Man mag das als Verflachung beklagen, kann aber auch feststellen, dass das Staatsfernsehen realisiert hat, dass sein Publikum nicht überwiegend aus Studienräten besteht – bis zum Jahr 2000 gab es auf seinen Kanälen immerhin 3500 Sendungen über Philosophie und Philosophen.[150]

France2, das Flaggschiff, richtet sich mit einem Vollprogramm an das breite Publikum.

Grundsätzlich gilt das auch für *France3,* das in seiner Berichterstattung aber starke regionale und lokale Schwerpunkte setzt: In diese floss 2008 fast die Hälfte des Budgets von 780 Mio €; *France3* unterhält 24 regionale Studios und 35 lokale Redaktionen.

France4 zielt mit Unterhaltung und Lifeshows *(evénnements en direct)* auf die 15-34 Jährigen, der Kanal ist nur digital empfangbar, sein Zuschauerzuwachs erklärt sich mit der Ausbreitung dieser Technologie.

France5 hat seine Akzente in den Bereichen Doku, Bildung und Kultur, *RFO* ist der Kanal für die französischen Überseegebiete.

---

[149] Vgl. im Folgenden France Télévision, Rapport annuel 2008, Paris 2009
[150] vgl. Chaplin, Tamara : Turning on the Mind. French Philosphers on Television, Chicago 2007.

Als Minderheitsgesellschafter ist FT an verschiedenen Spartenkanälen beteiligt, so an *Planète Thalassa*, einer elektronischen Variante von Magazinen wie Geo oder National Geographic und an *Planète Justice*, der „die juristische Wirklichkeit erklären" will. Mehrheitsgesellschafter ist der private *Canal+*, der jeweils 66 Prozent der Anteile hält.

Zusammen mit Lagardère als Seniorpartner (66 Prozent der Anteile) betreibt FT den Kanal *Mezzo*, der über Kabel, Satellit und Internet vorwiegend klassische Musik sendet, und den Kinderkanal *Gulli*.

Tab.4.5.:
Anteile der Sender an den TV-Werbeausgaben

Sender	2003	2004	2005	2006	2007	2008
TF1	54,7	54,8	54,4	54,8	55,0	59,0
France2	11,7	12,0	12,1	11,8	11,0	7,5
France3	8,1	7,8	7,2	7,3	6,9	4,7
Canal+	2,2	2,3	2,2	2,0	2,0	2,6
France5	0,9	1,0	1,1	1,0	1,0	0,5
M6	22,6	22,1	23,2	23,1	24,1	25,7

Zahlen in Prozent. Quelle: TNS, zit. In TF1, Rapport annuel 2008

4.2.3 Private Sender
Die Reform der TV-Werbung und ihre Wirkung

Die von Präsident Sarkozy zum Jahresanfang 2009 durchgesetzte Reform der TV-Werbung umfasst folgende Punkte: Das staatliche Fernsehen darf zwischen 20.00 und 6.00 Uhr keine Werbung mehr senden und scheidet damit als Konkurrent für die privaten Kanäle weitgehend aus. Die Privaten dürfen seither bis zu 216 Werbeminuten täglich ausstrahlen (zuvor: 144 Minuten), das Maximum liegt bei zwölf Minuten je voller Stunde, sofern neun Minuten (zuvor: 6 Minuten) im Tagesmittel nicht überschritten werden. Das heißt also, mehr Werbung in der lukrativen primetime, was sich im Tagesmittel leicht durch weniger Werbung in ohnehin quotenschwachen Zeiten kompensieren lässt. Die „flexible Stunde" *(heure glissante)* wurde allerdings abgeschafft, maßgeblich für die Anrechnung der Werbezeiten ist nun die volle Stunde.

Was wie ein großzügiges Geschenk des Präsidenten an seine Freunde vom privaten TV wirkte – und wohl auch so gedacht war, dafür sprechen jedenfalls die Umstände, unter denen die Reform durchgesetzt wurde – erwies sich indes als eher zweifelhafte Segnung. Beim Privatsender TF1, Frankreichs größtem Anbieter, sanken die Werbeerlöse im ersten Halbjahr 2009 um 23 Prozent auf 686,5 Mio €, die TF1-Gruppe insgesamt kam mit einem Minus von 21,8 Prozent nicht besser davon.[151]

Dazu hatte natürlich auch die Wirtschaftskrise beigetragen, doch hat auch die Reform der TV-Werbung ihre Konstruktionsfehler: Was an Werbeflächen neu zugelassen wurde, überstieg das deutlich, was durch das Ausscheiden der staatlichen Konkurrenz weggefallen war

Nach den Marktgesetzen ist aber bei steigendem Angebot ein sinkender Preis zwangsläufig, wenig realistisch ist es, zu erwarten, die

---

[151] TF1, Rapport financier, 1er semestre 2009, S. 6

Werbewirtschaft würde ihre Spendings ebenso rasant ausweiten, wie die Sender ihre Werbeflächen.

Ungünstig für die Sender wirkte auch die Ablösung der „flexiblen Stunde" *("heure glissante")* durch die „volle Stunde" zur Berechnung der Werbezeiten: Beide haben zwar jeweils 60 Minuten, doch beginnt die „flexible" Stunde nicht mit dem Uhrschlag, sondern mit dem jeweils lukrativsten Zeitpunkt für den Beginn eines Werbeblocks. Dieser Moment hängt u.A. davon ab, wie (un-)attraktiv das Programmangebot der Konkurrenz ist. Von diesem Zeitpunkt an gerechnet, lassen sich Werbeblöcke kurzfristig und gewinnoptimal verschieben, jedenfalls solange, wie in den folgenden 60 Minuten das gesetzliche Werbelimit nicht überschritten wird. Mit der vollen Stunde als Zählgrundlage der Werbeminuten muß nun so getan werden, als richte sich die Zuschauerquote und damit der Preis eines Werbespots nach dem Glockenschlag, was die optimale Preisfindung erschwert: Zumindest ein Teil der Spots ist aus Sicht der Werbewirtschaft zu teuer, ein anderer aus Sicht der Sender zu billig.

4.2.3.1 Die TF 1-Gruppe

TF1, 1987 privatisiert, ist mit fast 30 Prozent Marktanteil und einem Umsatz von 1,65 Mrd € (2008) der wichtigste Fernsehsender Frankreichs. Er ist Kernstück der gleichnamigen Mediengruppe mit einem Gesamtumsatz von 2,1 Mrd € und dem Mischkonzern Bouygues als Hauptaktionär. Bouygues hält 43 Prozent der Anteile.

Abgesehen vom Sportkanal *Eurosport* spielt TF1 international keine besondere Rolle, dank der soliden Stellung auf dem heimatlichen Markt galt ein Wachstum im Ausland als nicht nötig.

Zur Gruppe gehören u.A. ein Teleshopping-Sender, der 24-Stunden Nachrichtenkanal *LCI* und verschiedene Spartenkanäle, von denen *TV Breizh* gesondert erwähnt sei: *TV Breizh* sendet auch auf Bretonisch. Das ist deshalb bemerkenswert, da die Regionalsprachen erst seit der Verfassungsreform von 2008 als „Teil des nationalen Erbes" anerkannt sind. Zuvor war ihr offizieller Gebrauch in den Medien rundweg verboten, weil er, so ein Spruch des *conseil constitionel*, dem Verfassungsgrundsatz von der „einen und unteilbaren Republik" mit Französisch als Staatssprache widerspreche. *TV Breizh* mochte zwar länger in einer „illegalen" Sprache gesendet haben, ein Kläger hatte sich jedoch nicht gefunden.

Zum Portfolio der *TF1*-Gruppe gehören weiterhin ein Werbezeitenvermarkter, über den die vielen kleinen privaten Radiostationen ihre Buchungen abwickeln, ein Rechtevermarkter, sowie ein Weiterbildungsinstitut, von dem noch die Rede sein wird.

TF1 ist Marktführer, wenn auch mit deutlich schrumpfendem Zuschaueranteil (vgl. Tabelle). Gleichwohl: Im Jahr 2006 kamen von ihm 98 der 100 quotenstärksten Sendungen, im ersten Halbjahr 2009 49 von 50, bei den TV-Werbespendings liegt sein Anteil seit Jahren deutlich über 50 Prozent.

Die Seifenoper *„Verliebt in Berlin"* läuft als *„Le déstin de Lisa"* auf *TF1*. Das Erfolgsrezept, auf das sich bis zur Einführung der digitalen Kanäle bauen ließ, ist denn auch das gleiche, das Helmut Thoma einst für das deutsche Privatfernsehen formulierte: „Im Seichten gehst du nicht unter". Den damit verbundenen Abschied von bildungsbürgerlichen oder journalistischen Idealen fasste der damalige TF1-Chef Patrick Le Lay 2004 so zusammen: „Grundlage von TF1 ist es, zum Beispiel Coca-Cola beim Verkaufen seines Produktes zu helfen. Damit aber eine Werbebotschaft aufgenommen wird, muss das Gehirn des Fernsehzuschauers aufnahmebereit sein. Aufgabe unserer Sendungen ist, es aufnahmebereit zu machen, es zwischen den Werbeblöcken zu zerstreuen, zu entspannen und vorzubereiten. Was wir Coca-Cola verkaufen, ist Zeit des verfügbaren menschlichen Gehirns".[152]

Beim staatlichen Fernsehen France2 hatte genau dieser Ansatz Präsident Sarkozy zum Werbeverbot animiert. Um auch bei TF1 die *accords* anzumahnen, hätte er sich auf eine Studie der amtlichen Documentation française stützen können: Diese hatte schon 2005 festgestellt, dass der Export französischer TV-Formate deswegen stark eingebrochen sei, weil die einheimische Nachfrage zu sehr auf billige Massenware setze, die im Ausland schlecht abzusetzen wäre. Zwar wurde TF1 nicht explizit genannt, doch ist angesichts der Marktverhältnisse klar, wen diese Kritik meinte.[153]

Als Informationsmedium beansprucht TF1 für sich „schnell, zuverlässig und unfassend" zu sein. Seine Hauptnachrichten, die *journaux*, erinnern deutsche Zuschauer zwar eher an Boulevardformate als an die Tagesschau,[154] sind aber womöglich gerade deshalb erfolgreich. Täglich um 13.00 und um 20.00 Uhr gesendet, erreichten sie 2009 einen Marktanteil von 46 bzw. 31 Prozent der Zuschauer. Es waren aber schon einmal deutlich mehr: 2007, im Jahr der Wahl Sarkozys, erreichten das 13.00 Uhr-Journal 50,7 Prozent, das um 20.00 Uhr 38,8 Prozent. Der Rückgang mag daran liegen, dass in Wahljahren das Interesse an Nachrichtensendungen größer ist als sonst, aber auch daran, das TF1

---

[152] Zit. in Libération vom 10./11. Juli 2004 : "Patrick Le Lay, décerveleur".
[153] Moniot, Eric : Les exportations de programmes audiovisuels français, diagnostic et propositions. Documenation française, Paris 2005
[154] Boulevard-typisch ist die Mischung aus Prominenz, Sex, Skandal und Voyeurismus, mit sich auch „harte" Themen aufbereiten lassen. Bezeichnend für diese Kombination ist ein Interview, das TF1 am 8. Oktober 2009 mit Kulturminister *Frédéric Mitterrand* führte. Es füllte nahezu die Hälfte der Sendezeit der Abendnachrichten. Der Minister musste sich erklären: Er, Neffe des ehemaligen Präsidenten, hatte 2005 „*La mauvaise vie"* veröffentlicht. In dem Buch thematisiert der Autor Besuche und Empfindungen beim Besuch thailändischer Männerbordelle. Das Buch ist nicht autobiographisch, wohl aber in der Ich-Form geschrieben. Für den rechtextremen *Front National* war das 2009 Grund, gegen den nunmehrigen Minister als „Sextouristen" zu agitieren. Auslöser der Kampagne

„immer wieder in dem Ruf steht, gemeinsam mit der Politik ein abgekartetes Spiel zu spielen".[155]

Dieser Vorwurf ist zunächst einmal zu relativieren. Im Präsidentschafts-Wahlkampf 2002 musste sich TF1 vorwerfen lassen, in seinen Nachrichten „mit der Dramatisierung, ja Inszenierung von Gewalt und Verbrechen, Ängste zu schüren" – und so dem rechtsextremen Front National Wähler in die Arme zu treiben.[156] Das dürfte zwar nicht im Sinne „der Politik" gelegen haben, doch erkannte Sarkozy im Vorfeld der Wahlen von 2007, dass ihm Boulevardformate die richtige Bühne boten. Als Innenminister nutzte er die Unruhen in den Vorstädten für eine Dauerpräsenz in den Nachrichten: Zupackend; entschlossen; stets am Brennpunkt des Geschehens.[157] Ein Mann, geeignet für höhere Weihen. In diesem Zusammenhang fiel auch Sarkozys berühmt-berüchtigter Satz die Vorstädte „mit dem Dampfstrahler säubern" zu wollen.

Auch außerhalb Frankreichs hätte kein Medium unter solchen Umständen auf Statements des zuständigen Ministers verzichten können und kein Minister auf die mediale Bühne verzichten wollen.[158]

Was indes für „ein abgekartetes Spiel" zwischen Politik und TF1 spricht, ist – auch ohne tiefer Inhaltanalysen betreiben zu müssen – die enge persönliche Verbindung des TF1-Hauptaktionärs zum Präsidenten, die sich ganz offenbar auch in der Personalpolitik des Senders widerspiegelt. Die Namen Patrick Poivre d'Arvor und Laurence Ferrari

---

war Mitterrands Versuch, Roman Polanski öffentlich beizustehen, der sich wegen eines Sexualdelikts aus dem Jahr 1977 in schweizerischem Gewahrsam befand.

[155] Scalbert, A.; Frankreichs Medien am Ende ihrer Kraft. In: http.//www.eurotopics.net/print/de/magazin/politik-verteilerseits/f... vom 1. August 2008, Zugriff am 15. April 2009

[156] Ruano-Borbalan, Jean-Claude : Vote FN : la faute à la télévision ? In : Sciences Humaines, Nr. 129, Juli 2002

[157] vgl. Porquet, J.-L.: Le petit démagogue, Nicolas Sarkozy et les neuf règles de bases de la démagogie efficace, Paris 2007, S.64 ff..

[158] Horst Seehofer hatte als Bundeslandwirtschaftsminister die Vogelgrippe zu einem ähnlichen Popularitätsschub nutzen können.

wurden bereits genannt, derzeitiger Generaldirektor ist der ENA-Absolvent Laurent Solly, ehemals Wahlkampfmanager Sarkozys, Nachrichtenchef ist Arnaud Dassier, einst verantwortlich für die Internet-Kampagne des jetzigen Staatsoberhaupts.

Ein weiteres Indiz für eine zweifelhafte Unabhängigkeit des Senders liefert sein Weiterbildungs-*Institut TF1:* Auf seiner Website wirbt es mit der Schlagzeile „Verbessern Sie Ihre Medienwirkung" und offeriert dazu ein Medientraining für Manager, „gestützt auf unsere Fachleute und unsere Technologien" (http://www.tf1institut.com). Wer also vor TF1-Kameras Rede und Antwort stehen soll, kann sich vorher von TF1-Journalisten gegen Entgelt erklären lassen, wie das am besten geht. Honi soit qui mal y pense.

4.2.3.2 M 6 / Métropole Télévision S.A

Trotz der Konkurrenz durch das digitale terrestrische Fernsehen behauptet sich *M6* mit einem Zuschaueranteilanteil von elf Prozent und rund einem Viertel der TV-Werbespendings. Als größter Anteilseigner hält Bertelsmann über RTL 48,6 Prozent. Das Programmangebot gilt als journalistisch weniger regierungskonform als das von TF1, was offenbar neue Marktchancen eröffnet. Während Politikformate sonst eher reduziert werden, attackierte M6 den Konkurrenten mit einer neuen, großen Nachrichtensendung zur primetime. Zum Sendestart im September 2009 erreichte *Le 19.45* auf Anhieb 3 Mio Zuschauer, das entspricht einer Quote von 13 Prozent.

Im Unterhaltungsprogramm sind die Quotenbringer von M6 dem deutschen Zuschauer von RTL und seinen Töchtern mehr als vertraut: *Big Brother* und die *Super Nanny* heißen auch in Frankreich so, von *Alles was zählt* wurden 400 Folgen importiert, die nun als *Le Rêve de*

Diana laufen. Das *Supertalent* heißt links des Rheins *La France a un incroyable talent* und *Un dîner presque parfait* braucht keine Übersetzung.

Bemerkenswert ist M6 denn auch weniger wegen seines TV-Angebots als wegen seiner erfolgreichen Diversifizierungsstrategie. Der Anteil der Fernsehwerbung am Gesamtumsatz liegt schon seit 2005 deutlich unter 50 Prozent.[159]

Zum Portfolio gehören
- Homeshopping *(„vente à distance")*
- Football
- der Fußballclub *Girondin de Bordeaux*
- Computerspiele
- Immobilien
- Freizeitangebote
- Gelbe Seiten
- Mobilfunk.

Auch Technologien neueren Datums werden angeboten, so video on demand und Web- und Handy-TV. Zusammen mit ihren 13 Spartenkanälen verfügt die M6-Gruppe also über eine integrierte Wertschöpfungskette.

4.2.3.3 Canal+

Das Bezahlfernsehen *Canal+* befindet sich zu 65 Prozent im Besitz von Vivendi, die übrigen Anteile halten die großen Medienunternehmen Lagardère (20 Prozent), TF1 (9,3) und M6 (5,1). Das Unternehmen be-

---

[159] Profitables Hauskonzert, in: w&v Nr.33/2005, S.51ff und. www.groupem6.fr/index.php/m6/Le-Groupe/Presentation,

trachtet sich als Premiumanbieter im Bereich Sport, Serien und Filme, sein Umsatz betrug 4,5 Mrd € (2007). Zusammen mit den anderen Gesellschaftern und dem staatlichen Fernsehen betreibt canal+ etwa 20 Spartenkanäle.[160]

4.2.3.4 Arte

Der deutsch-französische Kulturkanal *ARTE* sei hier nur der Vollständigkeit halber erwähnt. Als binationales Unternehmen unterliegt er nicht der Aufsicht durch den CSA, seine Rechtsgrundlage ist ein zwischenstaatlicher deutsch-französischer Vertrag, nicht etwa ein *accord* oder Regierungsdekret. Das schlägt sich auch in den Inhalten nieder, so z.B. in kritischen Dokumentationen über Prestigeprojekte der französischen Regierung. Der Zuschaueranteil ist mit bis zu drei Prozent in Frankreich erheblich höher als in Deutschland, wo freilich auch die Konkurrenz an frei-empfangbaren Programmen „mit Anspruch" größer ist – zu nennen wären große Programmteile der „Dritten", 3sat, phoenix oder BR-alpha.

---

[160] www.vivendi.com/

4.3 Radio

4.3.1 Geschichtlicher Überblick

Ein duales Hörfunksystem hatte Frankreich bereits in den Jahren 1920-1939 gekannt.[161] Dahinter steckte jedoch weniger eine politische Absicht, als der Umstand, dass die III. Republik zu zerstritten war um sich auf einheitliche Regeln zu einigen. Zudem waren ihre Exponenten, quer durch die Parteien, mental zu sehr der gedruckten Presse verbunden um – anders als in den USA und Deutschland – die Bedeutung des neuen Mediums zu erkennen.

In den Jahren 1940-44 standen die Sender im Dienst der deutschen Besatzer bzw. des Vichy-Regimes, letzteres übernahm die privaten Sender in seiner Zone mittels der staatlichen *Société financière de Radiodiffusion, Sofira,* nach 1944 umbenannt in *Sofirad.* Neu entstand 1943 *Radio Monte Carlo* – als vom III. Reich finanzierter Propagandasender für Frankreich. Stargast bei der Eröffnung war Maurice Chevalier.

Im Jahre 1945 wurden die ehemals privaten Radiostationen nationalisiert. In der Theorie bestand nun ein staatliches Sendemonopol, die *Radiodiffusion française (RDF,* seit 1964 *Office de radio télévision française, ORTF).* Stark durchlöchert wurde dieses Monopol jedoch von Anfang an durch private Stationen, die auf Langwelle vom Ausland her Frankreich mit Programmen versorgten und sich aus französi-

---

[161] vgl. im Folgenden: d'Almeida , F./ Delporte, C. : Histoire des médias en France, de la Grande Guerre à nos jours, Paris 2003.
Albert, P.: L'évolution du paysage radiophonique français. In : Koch,U../ Schröter, D.: Hörfunk in Deutschland und Frankreich. Journalisten und Forscher im Gespräch, München 1996, S. 35-48.

schen Werbegeldern finanzierten: *Radio Monte Carlo* und *Radio Luxembourg* hatten schon 1945 den Betrieb (wieder) aufgenommen, 1955 folgte *Europe 1*, das vom Saarland aus sendete.

Interessanterweise kam das Kapital dieser *radios périphériques* auch aus staatlichen französischen Quellen. *Radio Monte Carlo* wurde faktisch von der französischen Regierung kontrolliert, an *Radio Luxembourg* war sie über die Agentur *Havas* beteiligt und an *Europe1* über die Beteiligungsgesellschaft *Sofirad*. Die Sendeanlagen von *Radio Monte Carlo* standen – und stehen – auf französischem Territorium. Das Saarland wiederum, Standort des *Europe1*-Senders war bis Ende 1956 französisches Einflussgebiet, schwer vorstellbar, dass sich dort irgendetwas gegen den erklärten Willen Paris' getan hätte.[162]

4.3.1.1 Die radios périphériques

Was diese *radios phériphériques* begünstigte, waren Hörgewohnheiten, die sich während der Besatzungszeit entwickelt hatten. Wer gelernt hat, amtliche Propaganda- und ausländische Sender abzugleichen und sich schließlich ein eigenes Bild zu machen, der hält an dieser Gewohnheit offenbar fest. Dazu kam, dass die Versorgung mit Zeitungen bis weit in der 50er Jahre durch die Papier-Kontingentierung eingeschränkt war. Die *radios périphériques* sahen ihre Marktchancen deshalb mehr im Angebot von journalistisch soliden Nachrichtenformaten und weniger in einem attraktiven Unterhaltungsprogramm. Das staatliche Radio war somit gezwungen, sich aktiv mit dieser Konkurrenz auseinander zu set-

---

[162] Ein Grund dafür, dass Frankreich zwar einerseits ein staatliches Rundfunkmonopol hatte, ebenjener Staat aber sein eigenes Monopol zu durchlöchern half, mag schlicht darin liegen, dass keine Regierung der IV. Republik die Zeit hatte, sich um Rundfunkpolitik zu kümmern: Von 1946-58 amtierten 21 Ministerpräsidenten. Und das vor dem Hintergrund des Kalten Krieges in seiner heißesten Phase, der Dekolonisierung, Grundfragen der europäischen Integration und der Kriege in Indochina, in Algerien und am Suezkanal.

zen und wurde so, bei aller Nähe zur jeweiligen Regierung, nie zu einem reinen Verlautbarungsprogramm.

Das Radio leistete mithin das, was die überregionalen Tageszeitungen versäumten, nämlich ein Publikum über parteipolitische und soziale Grenzen hinweg anzusprechen. Für die Bedeutung des Hörfunks als Informations- und Unterhaltungsmedium wirkt das bis in die Gegenwart nach, 58 Prozent der Franzosen halten das Radio für glaubwürdig, bei den Zeitungen sind es nur 52 Prozent und beim Fernsehen 48.[163]

Die privaten *radios périphériques* zählen heute zusammen mit den staatlichen Sendern *France Inter* und *France Bleu* zu den *programmes généralistes*, ein Begriff, der weniger mit „Vollprogramm" als mit „akustischer Tageszeitung" zu übersetzen ist: Für deutsche Verhältnisse sind sie geradezu extrem wortlastig – der Deutschlandfunk wirkt vergleichsweise wie ein Musikkanal. Gleichwohl erreichen sie 2009 insgesamt einen Höreranteil von fast 43 Prozent und sind das mit Abstand meistgehörte Genre; die diversen Musiksender bringen es nur auf 33 Prozent.

Was beim Radio lange Zeit auf der Strecke geblieben war, war die lokale und regionale Berichterstattung. In diese Lücke stießen ab den 70er Jahren „Piratensender", die nach 1981 von Präsident Mitterrand legalisiert wurden. Als Verantwortlicher eines Piratensenders der sozialistischen Partei war, wie schon erwähnt, der Staatschef selbst einmal vor Gericht gestanden.

Heute gibt es eine Vielzahl kleiner und kleinster privater „Provinzsender" (s.u.) und das staatliche *France Bleu*, Zulieferer eines Mantelprogramms für 46 gleichfalls staatliche Sender in den Regionen. *France Bleu* erreicht 5,6 Prozent Markanteil.

Tab.4.6.:
„Akustische Tageszeitungen" : Die programmes généralistes

Sender	Claim	Betreiber	Marktanteil*
Europe1	„Aktuelles, Politik, Kultur, Wirtschaft"	Lagardère	8,0%
France Bleue	„Ihr Nachbarschaftsradio"	Staatlich, Mantelprogramm für Lokalfunk	5,6%
France Inter	„Information, Diskussion, Ideen, Unterhaltung, Kultur"	Staatlich	9,8%
RTL	„Information, Sport und Unterhaltung"	RTL. Bis 1966: „Radio Luxembourg"	12,5%
RMC	"Info-Talk-Sport"	Next Radio	6,0%

*Ein Prozent Marktanteil entspricht etwa 520.000 Personen über 13 Jahren. Die Messung erfolgt mittels rechnergestützter Telefoninterviews (CATI) mit N=27.716 (Montags bis freitags) bzw. N= 12.940 (Samstags und sonntags). Quelle: Médiamétrie.

---

[163] TNS sofres / La Croix : Baromètre de confiance dans les media, Paris 2009

4.3.2 Staatliche Sender

Neben seinen *programmes généralistes* mit rund 15 Prozent Höreranteil betreibt das staatliche *Radio France* diverse Spartensender:[164] Wichtigster ist mit 3,4 Prozent Höreranteil der Nachrichtenkanal *France Info*. *France Musique* (0,9%) hat sich der Klassik und der zeitgenössischen E-Musik verschrieben, *France Culture* bedient zwar einen eher elitären Kulturbegriff, zeigt aber mit immerhin 1,1 Prozent Marktanteil, dass dieser in Frankreich einen höheren Stellenwert hat als in Deutschland. *FIP*, ein Musik- und Servicekanal, ist terrestrisch nur in einigen Ballungsräumen zu empfangen.[165] Das Jugendformat *Mouv* kommt auf 0,7 Prozent Marktanteil.

4.3.3 Private Sender

Gegenwärtig werden rundfunkrechtlich die folgenden Kategorien von Radostationen unterschieden:[166]

- Nachbarschafts- und Bürgerradios *(catégorie A: radios associatives, de proximité ou communautaires)*. Von ihnen gibt es weit über 500,[167] ihr Höreranteil liegt bei 1,7 Prozent. Die accords mit dem CSA verpflichten sie, täglich zwischen 6.00 und 20.00 Uhr mindestens vier Stunden eigenes Programm mit lokalem Bezug zu senden, der Werbeanteil ist darin nicht enthalten. Ihre Einnahmen dürfen zu maximal 20 Prozent aus Werbung stammen, doch haben sie Anspruch auf staatliche Fördermittel aus dem *Fonds de soutien à l'expression radiophonique*.

---

[164] Les Bilans du CSA 2007- Radio France und Médiamétrie
[165] Arcachon, Bordeaux, Marseille, Montpellier, Nantes, Paris, Saint-Nazaire, Rennes, Straßburg.
[166] CSA, Communiqué No. 34 vom 29. August 1989
[167] Zahlen im Folgenden nach Enquête Médiamétrie 126.000 – radio. L'audience de la Radio en Avril-Juin 2009 vom 12. Juli 2009

- Unabhängiges kommerzielles Lokal- bzw. Regionalradio. Zu dieser *catégorie B* zählen 120 Stationen. Sie erreichen einen Marktanteil von 10,4 Prozent – ein deutlicher Rückgang, denn noch 2006 hielten diese Anbieter mit zusammen 14 Prozent den größten Höreranteil. Vorgeschrieben sind mindestens vier Stunden Programm mit Ortsbezug in der Zeit von 6.00 bis 22.00 Uhr. Zur Vermarktung von Werbezeiten haben sich die Sender zusammengeschlossen, die Vermarktung übernimmt die *TF1*-Gruppe.
- Frankreich-weite Ketten mit lokalen bzw. regionalen Stationen. Die fast 400 Stationen dieser *catégorie C* arbeiten nach dem Franchise-Prinzip: Format, Mantelprogramm und Erscheinungsbild werden vom Franchise-Geber vorgegeben, eine kapitalmäßige Verflechtung mit ihm ist aber untersagt. Vorgeschrieben ist ein Eigenanteil am Programm mit Ortsbezug von mindestens 20 Prozent in der Zeit von 6.00- 22.00 Uhr.
- Frankreich-weites Formatradio ohne lokale Anbindung *(catégorie D)*
- Die *programmes généralistes* bilden die *catégorie E*, auf sie wurde oben bereits eingegangen.

Die Kategorien C, D und E bilden das Aktionsfeld der großen Medienunternehmen:[168]

4.3.3.1 RTL

RTL betreibt neben dem gleichnamigen *programme généraliste* (12,5% Höreranteil) die Formatradios *Fun Radio* (3,9 %) und *RTL2* (2,8%) als 100%-ige Töchter und mit der *Amaury*-Gruppe seit 2007 den Sportsen-

---

[168] Eine sehr detaillierte Beschreibung der einzelnen Sender(-gruppen) gibt http://wapedia.mobi/fr

der *RTL-L'Équipe* (k.a.). Die *RTL*-Radios erreichen insgesamt einen Marktanteil von mindestens 19,2 Prozent.

4.3.3.2 NRJ

NRJ stand ursprünglich als Abkürzung für *Nouvel Radio Jeunesse*, Neues Jugend-Radio, was französisch ausgesprochen so ähnlich klingt wie „Energie". *NRJ/Radio Energy* ist auch im europäischen Ausland aktiv. Hauptaktionär ist der *NRJ*-Gründer *Jean-Paul Baudecroux*. Zur Gruppe gehören in Frankreich neben *NRJ* (5,6 % Höreranteil), das Oldie-Format *Nostalgie* (4,8), *Chérie FM* (2,8) und *Rire et Chansons* (1,4). Das entspricht insgesamt 14,6 Prozent Marktanteil. Neue Geschäftsfelder erschließt die Gruppe im Mobilfunk und im Fernsehen. Letzteres wuchs mit der Verbreitung des digitalen TV von 2008-2009 um über 70 Prozent und generiert derzeit 20 Prozent des Gesamtumsatzes.[169]

4.3.3.3 Lagardère

Die Gruppe betreibt das *programme généraliste Europe1* (8 Prozent Höreranteil), und die Formatradios *RFM* (3,2%) und *Virgin Radio* (2,8%).

4.3.3.4 Skyradio

Skyradio umfasst die Kanäle *Chante France* (k.A.) und *Skyrock* (4,5%). Ein auf den ersten Blick also eher zweitrangiger Sender, der

---
[169] NRJ Group :Rapport financier semestriel, Semestre clos le 30 juin 2009

jedoch zeigt, wie sich klassische Medien und Internet ergänzen können: Das Radio gibt Impulse und setzt in der unübersichtlichen Online-Welt gleichsam Wegmarken. Ergebnis: Im Internet liegt *Skyrock* überdeutlich vor allen Konkurrenten (s.u.).

4.4 Tageszeitungen

4.4.1 Geschichtlicher Überblick

Frankreich war in der III. Republik (1870-1940) eines der weltweit führenden Zeitungsländer, am Vorabend des I. Weltkriegs hielt es auflagenmäßig international den 1. Platz.

Allerdings gelang es den Zeitungen nicht, sich gegenüber Staat und Interessengruppen zu emanzipieren.[170] Die Presse der III. Republik ließ sich grob in zwei Kategorien einteilen: Einerseits Blätter für die Eliten, die fast durchwegs parteipolitisch-ideologisch festgelegt waren und ein zersplittertes, ja verfeindetes Szenarium widerspiegelten, das selbst in den privaten Bereich hinein wirkte,[171] andererseits eine Skandal- und Unterhaltungspresse für die breite Masse. Letztere war vordergründig unpolitisch, stand aber in dem Ruf, durchaus bestechlich zu sein, sich vor den Karren von Wirtschaftsinteressen spannen zu lassen und vor Rufmord nicht zurückzuschrecken.

Die restriktive Gesetzeslage von heute mag hier eine ihrer Wurzeln haben.

Das, was heute „Marketing" heißt, spielte für beide Kategorien der Presse keine Rolle. Wenn in den USA etwa zeitgleich ein unabhän-

---

[170] Vgl. Martin, S. 73 f und S. 89 f
[171] Wie sehr, zeigte sich z.B. im März 1914 als die Frau des linksliberalen Finanzministers Caillaux den Chefredakteur des konservativen Figaro, Gaston Calmette, in seinem Büro erschoß: Caillaux war für einen Ausgleich mit Deutschland und wollte die Einkommenssteuer einführen, was ihn bei Nationalisten und Besitzbürgern keineswegs beliebt machte. Nachdem er den Minister politisch und persönlich im Figaro massiv angefeindet hatte, war Calmette nun dabei, die private Korrespondenz zwischen Caillaux und dessen Frau zu veröffentlichen – Briefe aus einer Zeit, in der die beiden noch anderweitig verheiratet waren. Henriette Caillaux wurde freigesprochen, wegen „akuter seelischer Notlage und unkontrollierten weiblichen Emotionen".

giger Journalismus entstanden war, der zwischen Nachricht und Kommentar trennte, Fakten „neutral" präsentierte und deren Bewertung dem Leser überließ, dann auch deshalb, um Leser- und Käuferschichten zu erschließen, die nicht nur ein spezielles politisches oder soziales Segment des Marktes umfassten.[172] Ganz anders in Frankreich, wo diese Segmente gleichsam betoniert waren und höchst selten überlappten. Ministerien, Finanzmagnaten und Politiker hielten sich quasi ihr Hausblatt, von den führenden Exponenten der III. Republik griffen nicht wenige selbst zur Feder.[173]

Damit war Frankreichs Presse auch für die werbetreibende Wirtschaft wenig attraktiv, denn, abgesehen von zersplitterten Reichweiten, eine Anzeigenschaltung konnte ja auch als Parteinahme gedeutet werden. Die Verleger jener Tag störte dieses Manko offenbar wenig „sie betrachteten Werbumsätze als Kleinkram, Anzeigenverträge wurden keinesfalls immer eingehalten, die tatsächlich verkaufte Auflage, wichtiger Indikator für die Werbewirtschaft, blieb ohne Transparenz: Ein Büro zur Auflagenkontrolle entstand zwar schon 1922, überwachte aber 1939 nur 5 Prozent der Titel".[174]

Was Wunder, wenn die Presse finanzschwach blieb.

Die III. Republik endete 1940 mit der militärischen Niederlage gegen Hitler-Deutschland. Zahlreiche Blätter stellten daraufhin ihr Erscheinen freiwillig ein, andere wurden von der Besatzungsmacht bzw. den collaborateurs des Vichy-Regimes verboten.[175] Was an Titeln übrig

---

[172] Hardy, S.35
[173] So z.B. André Tardieu, Georges Clemenceau, Edouard Herriot und Léon Blum
[174] vgl. Martin, S.73
[175] *collaborer* heißt eigentlich *zusammenarbeiten*. Im Frankreich der Jahre 1940-44 erhielt dieses Wort jedoch eine bis heute eindeutig negative Bedeutung, meint es doch seither eine liebedienerisch-verräterische *Zusammenarbeit mit den Nazis*. Das *Vichy*-Regime kollaborierte: Vom beschaulichen Kurort gleichen Namens aus „regierte" es 1940-42 den Südosten Frankreichs und diente dazu, trotz Nazi-Oberhoheit eine Illusion von französischer Souveränität zu erhalten. Zu seiner *collaboration* gehörte auch die aktive Mithilfe bei der Verschleppung französischer Juden in die Gaskammern.

blieb, kompromittierte sich bis zum Spätsommer 1944 als Propaganda-Instrument der Nazis und ihrer Kollaborateure.

Im Zuge der Befreiung Frankreichs begann ab August 1944 eine Säuberung. Journalisten wurden auf ihre Rolle als mögliche collaborateurs überprüft und erhielten ggf. Berufsverbot,[176] Collaborateur-Verlage wurden beschlagnahmt und 1946 enteignet. Ihr Betriebsvermögen ging an eine staatliche Holding, die *Société nationale des entreprises de presse, SNEP*, und wurde von dieser weiterverkauft oder verpachtet.

Nutznießer dieser Neuordnung waren Blätter der Widerstandsbewegung, die während der Besatzungszeit im Untergrund erschienen waren, eine ganze Reihe von Neugründungen, darunter Le Monde, und einige Blätter aus der Vorkriegszeit, die ihr Erscheinen nach der Niederlage von 1940 rechtzeitig freiwillig eingestellt hatten. Das bescherte Frankreichs IV. Republik (1944-1958) zwar zahlenmäßig sehr viele Titel, die aber wirtschaftlich auf schwachen Beinen standen.

4.4.2 Staatliche Presseförderung:
Subventionen anstatt Markt

Den neuen Verlagen fehlte es an Erfahrung und Kapital, der Werbemarkt war schwach. Ein Auflagenwachstum wurde durch die Kontingentierung von Zeitungspapier gebremst, die erst 1958 aufgehoben wurde, die staatliche Preisbindung für Zeitungen fiel erst in den 60er Jahren. Dazu kam eine sehr starke Stellung der kommunistischen Druckergewerkschaft *Fédération du Livre* – das Personal in den Druckerei-

---

[176] Das Verfahren zeigte gewisse Ähnlichkeiten zur Entnazifizierung durch Spruchkammern im Deutschland der Jahre nach 1945. Die damals in Frankreich zuständige Institution stellt heute die Journalistenausweise aus.

en war „zu zahlreich, unterbeschäftigt und überbezahlt".[177] Und ist es nach wie vor.

Ein finanzielles Desaster erschien damit bereits seit den frühen 50er Jahren absehbar, verzögert wurde es durch gute Verbindungen der Verleger zur Politik der IV. Republik und merkantilistische Traditionen: Es begannen umfangreiche Staatshilfen zu fließen, denen man nachsagt, sie seien ursächlich für eine Dauerkrise der Tageszeitungen. Anstatt auf den Leser zu setzen und den Markt zu beobachten, hätten die Verlage auf Subventionen vertraut.

Eine Ausnahme von der Regel war der Verleger Robert Hersant, ein Unternehmertyp, der mit Medien in erster Linie Renditen erzielen wollte (vgl. 3.5.1.). Allerdings wurde er Opfer seines eigenen Expansionskurses. Nach Zukäufen – keineswegs immer rentabler – Blätter im In- und Ausland und einem teuren Ausflug in die TV-Branche, hatte sein Unternehmen in den 90er Jahren bei 6 Mrd Francs Umsatz 4 Mrd Francs an Schulden und musste sich von zahlreichen Objekten trennen.[178] Seine *Socpresse* wurde an *Dassault* verkauft. Der heutige *Groupe Hersant* besitzt in Frankreich noch ein Dutzend Regionalblätter, das landesweite Anzeigenblatt *ParuVendu* und, über die Tochter *France Antilles*, solide Monopolstellungen – auf Martinique, Guadeloupe und Réunion sowie in Französisch Polynesien, Guayana und Neu Kaledonien.[179]

---

[177] Martin, S.140
[178] Es stellt sich die Frage, warum die Politik Hersant, „dem französichen Rupert Murdoch" nicht beisprang, zumal sein Medienkonzern kultur- und industriepolitisch bedeutsam war. Ein Grund könnte gewesen sein, dass sein Netzwerk aus persönlichen (Mitterrand) und politischen (Giscard d'Estaing) Freunden generationsbedingt erschöpft war. Ein anderer der, dass Hersant ohne finanzielle Potenz keine echten „Freunde" besaß – dazu hatte er sich als politisch zu flexibel erwiesen: In jungen Jahren rechtsextrem, dann Nazi-Collaborateur, in den 50er Jahren stramm links , ab den 60ern schließlich bürgerlich-konservativ.
[179] Kraemer, Gilles: Le Groupe France-Antilles. De la voix de la France à l'expression de l'outremer In: Annuaire Français des rélations internationales, Vol. V (2004), S. 896-906

Der Umfang der direkten und indirekten Staatshilfen für die gedruckte Presse wurde 2008 auf bis zu 2 Mrd € jährlich geschätzt.[180] Steuergelder fließen [181]
- für Vertrieb und Zustellung nationaler und regionaler Tageszeitungen und Wochenblätter (21 Mio €),
- für den „Beitrag der Presse, die französische Sprache und französisches Gedankengut außerhalb Frankreichs zu verbreiten"[182]: Eine Subvention der Lieferungen ins Ausland (1,95 Mio €),
- in die Unterstützung für Tageszeitungen mit schwachem Anzeigenaufkommen (8,3 Mio €),
- zur Förderung der Online-Angebote von Print-Medien (0,5 Mio €)
- zur Modernisierung von Verkaufsstellen (2,00 Mio €),
- In die „Modernisierungsförderung" der Herstellung, d.h. in die Finanzierung von Frührenten und Abfindungen, um den Personalüberhang in den Zeitungsdruckereien „sozialverträglich" zu reduzieren (20 Mio €),
- Beim Bahntransport von Tageszeitungen übernimmt der Staat 60 Prozent der Kosten, bei anderen Printmedien 19 Prozent (5,8 Mio €),
- reduzierte Posttarife für die Presse insgesamt und für Blätter mit schwachem Anzeigenumsatz (483 Mio €),
- Ein auf 2,1 Prozent reduzierter Mehrwertsteuersatz auf Zeitungen und deren Vertrieb, bzw. von 5,6 Prozent auf die Leistungen von Druckereien und Nachrichtenagenturen. Der Regelsatz liegt bei 18,6 Prozent.
- die Steuerfreiheit für Ansparinvestitionen.

---

[180] Guardian, 2. Oktober 2008, siehe auch Charon, S.81
[181] Giazzi, S. 16f. Zum aktuellen Umfang der Staatshilfen siehe :
Direction générale des médias et des industries culturelles,
http://www.ddm.gouv.fr/rubrique.php3?id_rubrique=27
[182] Fonds d'aide à l'expansion de la presse française à l'étranger („contribuer au rayonnement de la langue et de la pensée française hors de France")

- Verlage und Nachrichtenagenturen sind von der Gewerbesteuer befreit.[183]
- um 30 Prozent reduzierte Sozialversicherungsbeiträge für Kioskbesitzer, Zeitungsausträger und -verkäufer sowie für Journalisten.
- bis 2008: ein pauschaler Steuerfreibetrag für Journalisten von 7650 € oder maximal 30 Prozent des Jahreseinkommens.

Dazu kommen ggf. Risikokapital zu günstigen Konditionen über die *SOFARIS*.

Nicht unerheblich ist schließlich auch der Staat als Werbekunde, 134 Mio € wandte er 2007 insgesamt auf.[184] Im Einzelfall deutlich mehr. Unter Präsident Chirac flossen z.B. 2005 gut 80 Mio € in eine Anzeigenkampagne zur Europäischen Verfassung, überdies – zur Freude der Druckindustrie – erhielt jeder Haushalt einen Verfassungstext. Wenn der Verfassungsentwurf im anschließenden Referendum gleichwohl abgelehnt wurde, dann gewiss nicht, weil – wie in Deutschland oft behauptet wurde – „die Franzosen eigentlich nicht wussten, worüber sie abstimmten". Eher im Gegenteil: Im europäischen Vergleich hatte Frankreich mustergültig informiert.

4.4.2.1 Die Nachrichtenagentur Agence France-Presse

Zur staatlichen Presseförderung zählt auch die Nachrichtenagentur *Agence France-Presse, AFP*. Ihr Umsatz stammt zu 40 Prozent (2009) aus staatlichen Quellen, 30 Prozent kommen aus Auslandsaktivitäten und 10 Prozent aus Bildrechten, der Rest von französischen Medien.

---

[183] Zum 1. Januar 2010 wurde die Gewerbesteuer überhaupt abgeschafft.
[184] Le Livre Vert, S. 28

AFP beschäftigt 2200 hauptamtliche Mitarbeiter und ist in 165 Ländern vertreten, damit verfügt sie über das weltweit dichteste Korrespondentennetz.

Die Staatsgelder, 114,4 Mio €, fließen in Form von Abonnementsgebühren von Behörden. Wer in französischen Amtsgebäuden Wartezeiten mit der Lektüre von Agenturmeldungen auf Monitoren überbrückt, mag sich darüber freuen, die Konkurrenz sieht darin indes eine Subvention: „Ein deutscher AFP-Kunde bekommt den günstigen Preis von französischen Staat subventioniert".[185]

AFP besteht seit 1944, seit 1957 ist sie laut Gesetz „eine unabhängige, rechtsfähige Einrichtung, die nach kommerziellen Regeln arbeitet".[186] Die deutsche Website der Agentur spricht von einem „ähnlichen Rechtscharakter wie die öffentlich-rechtlichen Rundfunkanstalten in Deutschland. Die Kontrolle des Unternehmens liegt bei den Hauptnutzern, mit starker Dominanz der französischen Presse. Das gesetzlich verankerte Statut garantiert die Unabhängigkeit von Staat und Privateigentümern".

Das erscheint etwas idealisierend dargestellt, denn wirtschaftlich ist diese Unabhängigkeit weniger ausgebaut: Da ist nicht nur der Staat als Hauptkunde – sein Beitrag zum Umsatz erreichte zeitweise 60 Prozent – sondern auch der Umstand, dass die Agentur kein Eigenkapital besitzt. Sie ist vielmehr auf direkte Zuwendungen des Staates angewiesen, der mit ihr „mehrjährige Ziel- und Budgetvereinbarungen trifft".[187]

AFP musste sich denn auch im Sommer 2009 vorhalten lassen, Meldungen gezielt zu verschweigen, die den Mächtigen unangenehm sein könnten. Die Tageszeitung *Libération* hatte berichtet, dass sich Sarkozy bei einem offiziellen Essen despektierlich über den spanischen

---

[185] AP/ddp-Gesellschafter Martin Vorderwülbecke in Journalist, 2/2010, S. 40.
[186] Loi n°57-32 du 10 janvier 1957 portant statut de l'agence France-Presse. Version consolidée au 20 février 1981
[187] L'État pourrait être le seul actionnaire de l'AFP. In : Le Figaro, 26. August 2009

Premier geäußert habe, die Großbank Sociéte Générale Milliardenverluste zu verbuchen hätte und eine andere Großbank erfolglose Manager mit stattlichen Boni beglücke. In allen drei Fällen hatte AFP zuerst das Dementi der Betroffenen veröffentlicht, dies mit der nachträglichen Begründung, man müsse „Nachrichten grundsätzlich verifizieren".[188]

Libération-Chefredakteur Laurent Joffrin ätzte deshalb über „Agence France-Frousse", die „Agentur mit dem Riesenbammel": „Offenbar sind die Aussagen eines Presssprechers, einer Bank oder einer Regierung für AFP ungleich wichtiger, als die von unabhängigen Journalisten. Wenn also Libération schreibt, die Erde ist rund und der Elysée-Palast dagegen behauptet, sie sei eine Scheibe, wird AFP zuerst das Dementi veröffentlichen. Bestenfalls wird man durchblicken lassen, dass sich die Wahrheit wohl irgendwo dazwischen befindet".[189]

Die Online-Zeitung *rue89* versuchte die damit ausgelöste Polemik durch eine Umfrage unter bekannt kritischen Medien zu klären.[190] Das Ergebnis war durchwachsen. Bei *bakchich.info* fühlte man sich von AFP „insgesamt gut behandelt". Bei *mediapart.fr* klagte man über „ungezählte Beispiele" unterbliebener Veröffentlichungen und *marianne2.fr* monierte, dass AFP Meinungsumfragen verschweige, die „für die Regierung ungünstig" seien. Beim *Canard enchaîné* relativierte man: „Die Probleme von AFP sind die der Presse überhaupt".

4.4.3 Die Tageszeitungen und ihre Krise

Gegenwärtig hat Frankreich hat die gleiche Zeitungsdichte wie die Türkei, nämlich 155 verkaufte Exemplare je 1000 Einwohner.[191] Der

---

[188] „Agence France-Frousse" : L' AFP nous répond. In : www.libération.fr/medias
[189] Joffrin, Laurent : L'agence France-frousse, in: Libération, 7. August 2009
[190] L'Agence France-Presse a-t-elle peur du pouvoir? In: www.rue89.com/2009/08/09
[191] Etats Généraux de la Presse écrite: Le livre vert, S.4

Branche geht es nicht gut. Von 2000 – 2007 sank ihr Gesamtumsatz von 1145 Mio € auf 850 Mio €.[192] Die links-liberale, Sarkozy-kritische *Le Monde*, der wirtschaftsliberale, Sarkozy-freundliche *Figaro* und die linke *Libération* mussten in den letzten drei Jahren bis zu einem Drittel ihrer Redakteursposten streichen.

4.4.3.1 Überregionale Blätter: Die presse nationale

Frankreichs überregionale Blätter *(presse nationale)* erscheinen durchweg in Paris und widmen sich vorrangig der „großen" Politik und dem Feuilleton. Das Regionale, auch aus der Hauptstadt selbst, spielt nur eine untergeordnete Rolle. Das ist ein wichtiger Unterschied der Blätter zu ihren deutschen Pendants: Regionalberichterstattung bindet Leser, erschließt auch kleinere Werbepotentiale und bietet einen Raum, der vor der elektronischen Konkurrenz noch relativ sicher ist. Eine gewisse Ausnahme bildet lediglich die *Libération,* die zumindest in der online-Version sechs Regionalausgaben anbietet.

Mit den überregionalen Zeitungen ging es seit 1946 stetig bergab: Von fast 7 Millionen in den frühen 50er Jahren sank ihre Gesamtauflage auf derzeit etwa 1,5 Millionen. Die zehn nationalen Tageszeitungen Frankreichs gehören heute zu den unrentabelsten in ganz Europa,[193] wobei der Niedergang unabhängig von Themenschwerpunkten und politischer Ausrichtung ist: Der einst populäre *France Soir* verkaufte in den 60er Jahren über eine Million Exemplare, derzeit sind es noch 27.000. Der *Humanité*, vordem Parteiblatt der Kommunisten, half auch die redaktionelle politische Wende nichts, sie verlor 90 Prozent ihrer Auflage und liegt derzeit bei 52.000 Exemplaren.

---

[192] Guardian, 2. Oktober 2008, siehe auch Economist 12.April 2008
[193] Le Floch, P.: French dailies in crisis, in : press business, Nr.2/ 2006, S.9

Ähnlich sieht es bei den Werbeumsätzen aus, wobei es *Le Monde* besonders hart traf, von 2001-2007 halbierten sich ihre Einnahmen um die

Tab.4.7.:
Die presse nationale

Titel	Verkaufte Auflage 2008	Anmerkungen
Le Parisien/ Aujourd'hui en France	516.000	Boulevardeskes Layout, hoher Anteil an „weichen" Themen
Le Monde	336.000	Mitte-Links
Le Figaro	330.000	Wirtschaftsliberal
L'Équipe	320.000	Sportzeitung
Les Echos	125.000	Wirtschaftsblatt
Libération	121.000	links-liberal
La Croix	96.000	Katholisch
Zahlen: OJD 2009 (gerundet)		

Hälfte auf 50 Mio Euro.[194] Libération und Le Monde erzielten selbst in guten Zeiten bestenfalls die Hälfte ihres Umsatzes aus Werbung.[195] Deutlich besser sieht es dank opulenter Magazin-Beilagen allein beim Figaro aus. Ansonsten gilt: Die presse nationale ist heute – mit Ausnahme des Figaro – quasi werbefrei, zumindest im Vergleich mit ihren deutschen Pendants. Das mag auch erklären, warum *Le Monde* Kopffeld-Anzeigen zuweilen verschleudert: Sie stehen neben dem Zeitungstitel, sind damit auch für den flüchtigen Passanten am Kiosk wahr-

---

[194] Le Monde 19.4.2008
[195] Benson,R. / Hallin, D. : How States, Markets and Globalization Shape the News: The French and the US National Press, 1965-1997. In: European Journal of Communication, 22/2007, S.28. Der Vergleichswert für die deutschen Tageszeitungen lag bei 66%.

nehmbar und dementsprechend teuer. Der humanistisch gebildete Mensch freut sich deshalb, wenn Le Monde hier für eine Gesamtausgabe der Werke von Baruch Spinoza wirbt, findet er im Kopffeld doch sonst eher Werbung für Luxus-Uhren, Juwelen oder Autos. Der Medienmanager vermutet hinter der Spinoza-Werbung schlicht ein Fehlen potenter Anzeigenkunden. Dafür spricht: Aus Sicht der Werbewirtschaft ist der Tausender-Kontaktpreis bei Tageszeitungen der presse nationale zu hoch, was auch folgender Vergleich mit Blättern aus der Bundesrepublik zeigt (Tab.4.7.).

Boulevardblätter spielen in Frankreich keine Rolle, die Gründe dafür liegen beim Gesetzgeber: Wie oben beschrieben, wäre eine französische Bild-Zeitung ein Konjunkturprogramm für Anwälte und Justiz – auf Kosten des Verlags.

Eine gewisse Ausnahme bildet *Le Parisien/Aujourd'hui en France*. Was Layout und Inhalt angeht, kommt das Blatt einem bundesdeutschen Kaufzeitungsformat nahe, ist aber vergleichsweise „zahmer". Als einziger general interest-Titel konnte es seine Auflage bis 2007 konstant steigern und verkauft gegenwärtig rund 500.000 Exemplare.

Tab.4.8.: Tausender-Kontaktpreise in der Tagespresse			
Frankfurter Allgemeine	40 €	Le Figaro	84 €
Süddeutsche Zeitung	33 €	Le Monde	57 €
Rheinische Post	31 €	France Soir	43 €
Bezogen auf 1/1 Seite, sw Western European Market&Media Fact 2004, www.publimedia.ch			

4.4.3.2 Regionalzeitungen

Besser, wenn auch nicht gut, geht es der regionalen Presse. Der Konzentrationsgrad ist hoch, das Gros der Auflage kommt von einem halben Dutzend Verlagen, die Zahl der Vollredaktionen liegt bei 60 (Deutschland: 105). Die *presse régionale* bedient die Leserschaft außerhalb der französischen Hauptstadt und legt ihren Schwerpunkt fast ausschließlich auf Lokal- und Regionalnachrichten. Verkehrsunfälle, die Wasserqualität im örtlichen Badesee und ein Fest auf der Pferderennbahn werden entschieden prominenter platziert als die große Politik. Sofern letztere überhaupt abgehandelt wird. Dank kleinräumiger Berichterstattung ist die Leser-Blatt-Bindung stärker ausgeprägt - die Marktführer *EBRA* und *Ouest France* z.B. haben 101 bzw. 42 Lokalausgaben und verkaufen jeweils gut eine Million Exemplare. Der Auflagenschwund ist insgesamt geringer und da Rubrikanzeigen und Pflichtveröffentlichungen zumindest vor den Konkurrenten aus Fernsehen und Radio sicher sind, ist auch der Anzeigenumsatz stabiler. Zudem haben die meisten Regionalblätter ein eigenes Vertriebssystem. Dass Le Monde 2007 nun ausgerechnet seine Regionalblätter *Midi Libre, L'Indépendant* und *Centre Presse* verkaufte, zeugt eher von einer akuten Finanzkrise dieses Flaggschiffs der *presse nationale* als von einer langfristigen Strategie.

Während weltweit das Internet als wichtigste Ursache für die Krise der Tageszeitungen gilt, liegen in Frankreich die Dinge etwas anders:

4.4.3.3 Militante Gewerkschaften und hohe Kosten

Die Druckergewerkschaft *Syndicat Général du Livre* zählt heute zwar nur noch 20.000 Mitglieder, steht in den Druckereien der Zeitungsverlage aber an einer strategischen Schlüsselposition. Ähnlich Tomaten oder Weißwürsten sind auch Nachrichten ein Gut, das frisch auf den Markt muss. Ein Streik verzögert ihre Auslieferung über das Verfalldatum hinaus – Zeitungsverlage sind also empfindlich, erst recht dann, wenn sie, wie in Frankreich, finanzschwach sind. Diese Empfindlichkeit gegenüber Gewerkschaftsforderungen hat dazu geführt, dass Frankreichs Zeitungsverlage in ihren Druckereien mit horrenden Kosten belastet sind. Wie sehr, zeigen die Herstellungskosten der *International Herald Tribune*: Die Redaktion des Blattes arbeitet in Paris, gedruckt wird in verschiedenen Ländern Europas.[196] Im europäischen Vergleich kostet der Druck der *International Herald Tribune* bei 30.000 Exemplaren zu je 22 Seiten in

Frankreich	3854 €
Schweiz	2574 €
Belgien	2350 €
Spanien	2334 €
Großbritannien	2334 €
Italien	2229 €
Deutschland	1661 €

---

[196] Etats Généraux de la Presse écrite: Le livre vert, S. 53, siehe auch Die Zeit, 29. Januar 2009

4.4.3.4 Hausgemachte Krisenursachen

„Die Öffentlichkeit hat gegenüber den Tageszeitungen eine Abneigung entwickelt, die es in dieser Form in anderen europäischen Länder nicht gibt" wundert sich der Giazzi-Report.[197] Eine Begründung dafür liefert – wenn auch verklausuliert – das *Centre National pour le Développement de l'Information, CNDI*: Tageszeitungen seien langweilig, schlecht geschrieben und unglaubwürdig.[198] Das von Verlegern und Journalistenverbänden getragene Institut hatte per Umfrage das Bild der Tagespresse in der Öffentlichkeit ermittelt. Je Kriterium konnten als Bestnote 200 Punkte erreicht werden, die jedoch weit verfehlt wurden. Die Ergebnisse:

Lokaler Bezug	110 Punkte von 200 möglichen
Vertrauenswürdig	83
Interessant	75
Schreibstil	48
Nutzwert	38

Noch bedenklicher ist dabei der Umstand, dass 45 Prozent der Befragten keine Angaben machen konnten oder wollten. Das kann so interpretiert werden, dass fast der Hälfte der Franzosen die Tageszeitung schlicht egal ist: Tatsächlich greifen 75 Prozent nie zur presse nationale – in den 70er Jahren war es nur die Hälfte – immerhin zwei Drittel werfen zumindest gelegentlich einen Blick ins regionale Blatt.[199].

---

[197] Giazzi, S..4 : „Une désaffection du public qui ne s'est pas produite dans d'autres pays européens..."
[198] Centre National pour le Développement de l'Information, Etudes de Presse – les notes du CNDI, Vol.1, No. 4, November 2006, S.5
[199] Martin, S.194

4.4.3.4.1 Vertrauensdefizite

Im Unterschied zu ihren amerikanischen Kollegen sahen Frankreichs Verleger in einer Zeitung weniger ein Mittel um Gewinne zu erzielen als eines, um die Leser in ihrem Sinne zu beeinflussen- „zu viel Moral, zu viel Politik, zu wenig Information und Unterhaltung".[200] Heute wird z.B. der Figaro-Verleger Serge Dassault, im Hauptberuf Hersteller vom Kampfflugzeugen und nebenberuflich Senator der Sarkozy-Partei UMP, mit den Worten zitiert, er wünsche „positivere Nachrichten und mehr Zurückhaltung, wenn es um Unternehmerinteressen geht", die Medien sollen „gesunde Ideen verbreiten".[201]

Das mag im Einzelfall so aussehen: Dassaults Figaro hatte im November 2008 ein Interview mit Sarkozys damaliger Justizministerin Rachida Dati veröffentlicht. Die Ministerin war unter Beschuß geraten, über 500 Staatsanwälte hatten in einer Petition ihre Justizreform kritisiert. Das Interview sollte der Rechtfertigung von Madame Dati dienen. Illustriert war der Text mit einem Archivbild des Figaro vom Juli des gleichen Jahres. Im Juli hatte die Frau Minister noch deutlich sichtbar einen Diamantring des Juweliers Chaumet getragen, Preis 16.000 Euro. Ein Schmuckstück, das im November wegretuschiert war. Man habe nicht gewollt, dass „der Ring Gegenstand einer Polemik wird, weil das eigentliche Thema die Beschwerde der Staatsanwälte ist", rechtfertigte sich die Redaktion des Blattes.[202]

Zweifel an der Glaubwürdigkeit des Figaro nährte auch ein Bericht des Rechnungshofes vom Sommer 2009. Die Prüfer monierten, dass Sarkozys Präsidialkanzlei Umfragen zur Popularität des Staats-

---

[200] ebd., S. 138
[201] vgl. Liehr, S.291ff
[202] vgl. Die Ring-Affäre der umstrittenen Ministerin Dati, in: Die Welt, 23. November 2008

chefs für 1,5 Mio Euro ohne Ausschreibung vergeben hatte und sie dann prominent in den Medien platzierte. Haushaltsrechtlich wäre das zwar notfalls zu rechtfertigen gewesen,[203] allerdings wurde ruchbar, dass das beauftragte Institut Opinionway vom ehemaligen Medienberater Sarkozys gegründet worden war und zu seinen Kunden auch den Figaro zählt. Eine Figaro-Überschrift wie „Drei Viertel der Franzosen von Sarkozy überzeugt" bekommt ein gewisses G'schmäckle, wenn der Präsident, der Verleger und der Meinungsforscher im gleichen politischen Lager stehen.[204] Befremdlich – zumindest für Westeuropa – war auch der Umstand, dass der Figaro eine komplette Sondernummer seiner Magazin-Beilage *Madame* Carla Bruni widmete:[205] Frankreichs First Lady fungierte als „Chefredakteurin" und wird als „natürlich, humorvoll und besonders warmherzig" beschrieben, ihr segensreiches Wirken zum Wohle der Menschheit wird ausführlich gewürdigt.[206] Allerdings verhinderte ein Streik die Auslieferung.

Les Echos, die auflagenstärkste Wirtschaftszeitung, gehört dem Industriellen Bernard Arnault, Chef der Luxuswarengruppe LVMH und enger Freund Sarkozys.

Die Sportzeitung *L'Equipe*, ist im Besitz der *Groupe Amaury*, dem Veranstalter der *Tour de France*.

Im linken Lager waren die Stammleser der *Humanité* sicherlich verwundert, als Frankreichs Kommunisten ihr Blatt an Finanzinvestoren abgaben, ebenso wohl auch jene der *Libération*: Die 1973 von Jean-Paul Sartre mitbegründete Zeitung verstand sich zuerst als Kampfblatt

---

[203] Eine sog. „freihändige" Vergabe von Aufträgen ist dann gerechtfertigt, wenn eine besondere Vertraulichkeit und eine spezielle Erfahrung des Auftragnehmers erforderlich sind. Bei Meinungsumfragen kann das unterstellt werden.
[204] Vgl. Nouvel Observateur, http://tempsreel.nouvelobs.com/speciales/medias/medias__pouvoirs/20090717.OBS4527/figaro_elysee_et_opinion_way_accuses_de_collusion.html
[205] Madame Figaro vom 27. März 2010, auch: http://madame.lefigaro.fr/societe/en-kiosque/2685-interview-exclusivede-carla-bruni-sarkozy
[206] ebd., S.46

linker Revoluzzer und wurde im Laufe der Jahre linksliberal. Finanziell war das Blatt schon häufiger ein Sanierungsfall, bis sich ein Markenname des Kapitalismus als Rettungsanker anbot: Baron *Guy de Rothschild* stieg mit 20 Millionen Euro bei *Libération* ein. Ob es die Leser der deutschen *tageszeitung* honorieren würden, wenn ihr Blatt von Josef Ackermann saniert würde?

Le Monde schließlich, das linksliberale Flaggschiff der *presse nationale* musste sich 2003 nachsagen lassen, es habe die Berichterstattung mehr an den Geschäftinteressen des eigenen Verlages ausgerichtet als nach objektiven Kriterien.[207]

Die *presse regionale* wiederum steht in dem Ruf, sie schreibe eher im Sinne des Bürgermeisters als im Sinne seiner Wähler. Der Verfasser kann das subjektiv bestätigen aber nicht objektiv verifizieren.

4.4.3.4.2 Journalistische Eigenheiten

Das *CNDI* hatte nach der oben zitierten Umfrage den Zeitungsmachern empfohlen „gewisse eingeschliffene Verhaltensweisen in Frage zu stellen, insbesondere bei den redaktionellen Arbeitstechniken".[208]

Die 35-Stunden-Woche ist für journalistische Arbeit nicht unbedingt ein Segen: Zu wenig Zeit für ausführliche Recherchen und Außentermine reduziert den Nutzwert des Blattes für den Leser.

Aber auch sonst unterscheiden sich diese „redaktionellen Arbeitstechniken" deutlich von dem, was heute z.B. in Deutschland, den USA oder Großbritannien gängige Praxis ist.

---

[207] Péan, P. / Cohen, P. : La face cachée du Monde. Du contre-pouvoir aux abus, Paris 2003
[208] Centre National pour le Développement de l'Information, Etudes de Presse – les notes du CNDI, Vol.1, No. 4, November 2006, S.4: „Pour contrebalancer ces tendances (il faut de la part des professionnels) la remise en cause des certaines habitudes routinières, notamment en matière des techniques rédactionnelles".

Die *presse nationale* liest sich oft so, als sei sie von Studienräten für Studienräte geschrieben, vorzugsweise von Altphilologen und Historikern:[209] Orthographisch und grammatikalisch absolut korrekt, stilistisch von der Eleganz eines Cicero - aber leider auch mit dessen Weitschweifigkeit. Die journalistische Regel, einen Text mit dem wichtigsten Faktum zu beginnen, gilt in Frankreich nur bedingt. Einen lead-Satz mit dem Datum einzuleiten ist keineswegs verpönt, ebenso wenig Fußnoten. Eine Studienratspresse eben - tatsächlich lesen nur 5 Prozent der Franzosen ohne Abitur die presse nationale.[210]

Bei der *presse regionale* stellt sich die Frage, nach welchen Kriterien denn Nachrichten überhaupt ausgewählt und gewichtet werden. Warum z.B. wird der halbseitige Aufmacher auf der Titelseite mit ganzen drei Zeilen abgespeist und erst auf Seite 26 (!) vertieft, wenn's doch ein Aufmacher ist? Auf den Seiten dazwischen quillt dem Leser ein buntes Potpourri an Meldungen entgegen, ohne dass eine journalistische Gewichtung oder optische Führung durch den Layouter erkenntlich wären.[211]

Auch in Frankreich werden Zeitungen mittig quergefaltet und so zum Kauf angeboten. Außerhalb Frankreichs ergab sich daraus die eherne Journalistenregel „was über dem Falz steht, muss attraktiv sein", schließlich ist das der Teil des Blattes, der spontan ins Auge springt und dadurch zum Kauf animieren soll. Was man in Frankreich von dieser Regel hält, zeigen die folgenden Beispiele: *Le Monde* bringt eine Karikatur, deren subtiler Feinsinn sich dem potentiellen Leser bestimmt nicht im Vorbeigehen erschließt. Die *Dernières Nouvelles d'Alsace* zeigen ein Stück Hochhaus, daneben die Nachricht vom Tode Paul Newmans, *Libération* präsentiert ganzseitig den Bauch einer Schwan-

---

[209] siehe auch Benson / Halin, a.a.O.,S.39
[210] Martin, S.195
[211] pars pro toto steht hier wieder der Nice Matin vom 27. Juli 2009

geren, der Text daneben bezieht sich indes darauf, daß Sarkozy von „päpstlicher Gnade berührt" sei. Worum es bei dem Bauch geht, steht unter dem Falz – um Schwangerschaften bei Frauen über 40. Wissenschaftlich ist diese Auswahl nicht. Aber bezeichnend.

Zumindest der *Figaro* besitzt seit jüngster Vergangenheit ein zeitgemäßes Layout und gliedert sich übersichtlich in Bücher; auch *Le Monde* hat sich, wenn auch sehr behutsam, vom reinen Bleiwüsten-Stil der Nachkriegszeit verabschiedet. Die *Libération* erfuhr 2009 zwar eine optische Erneuerung, doch bleibt das Verhältnis von Illustrationen und Text auf der Titelseite weiter oft rätselhaft.

4.4.3.4.3 Vertrieb und Vertriebsprobleme

Diese sehr eigenwillige Präsentation französischer Blätter verwundert, weil der Verkauf am Kiosk ihr eigentliches wirtschaftliches Rückgrat bildet. Die Abonnements-Quote liegt bei nur 20 Prozent,[212] der Löwenanteil der Auflage wird über 30.000 Verkaufsstellen abgesetzt. In Deutschland sind es dreimal so viele, weil hier auch Tankstellen, Bäckereien und Supermärkte Gedrucktes verkaufen dürfen. An die Kioske kommen jedoch nur Publikationen, die dem halb-genossenschaftlichen Vertriebsmonopolisten *NMPP, Nouvelles Messageries de la Presse Parisienne,* angeschlossen sind. Soweit Verlage kein eigenes Vertriebssystem besitzen, sind sie nämlich gesetzlich verpflichtet, sich „einer genossenschaftlichen Vertriebsgemeinschaft" anzuschließen.[213] Und davon arbeitet frankreichweit nur eine, die NMPP. Diese wiederum ist gesetzlich gezwungen, auch Kleinstauflagen zu vertreiben, was

---

[212] Der Vergleichswert deutscher Tageszeitungen liegt bei rund 70 Prozent, wird aber durch die Bild-Zeitung nach unten verzerrt: Bild ist zwar das auflagenstärkste Blatt aber nicht im Abonnement erhältlich
[213] vgl. Conseil de la concurrence : Décision n° 04-D-38 du 27 juillet 2004 relative à des pratiques mises en oeuvre sur le marché de la distribution de la presse dans la région de Strasbourg

die Absatzlogistik zusätzlich verteuert: 34 Prozent des Verkaufspreises der presse nationale werden für den Vertrieb aufgewandt, in Deutschland liegt der Vergleichswert bei 23 Prozent.[214] Werden die NMPP bestreikt – und dazu genügen einige wenige Militante – ist die gesamte presse nationale lahmgelegt. Damit ist auch der Versuch gefährdet, durch Nebengeschäfte zusätzliche Umsätze zu generieren: Auch der Vertrieb von Büchern und CDs ist weitgehend auf die NMPP angewiesen.

Ihren Ursprung hat die Logistik-Krise in einem staatlichen Eingriff in den Markt. Das Gesetz No. 47-585 (Loi Bichet) von 1947 sollte Meinungsvielfalt gewährleisten, indem es qua Monopol allen Blättern gleiche Vertriebsbedingungen garantierte, der „Gebietsschutz" für Kioske erklärt sich daraus, dass diese ursprünglich als Zusatzversorgung für Veteranen und Kriegerwitwen gedacht waren.

Heute ist dieses Vertriebssystem ebenso teuer wie leicht zu blockieren, doch bestünde die Alternative für den einzelnen Verlag im Aufbau eines eigenen Vertriebssystems, das sich bei den Auflagen der presse nationale aber nicht rechnen kann.

Da immer mehr Kioskbesitzer ihren Laden schließen, ergibt sich ein immer schwereres Logistikproblem, auf das mit geradezu rührender Hilflosigkeit regiert wird: Die Pariser Verkehrsbetriebe RATP feierten via Presse-Erklärung im Herbst 2008 den Einsatz dreier(!) Zeitungsverkäufer in Métro-Zügen als Beitrag zur verbesserten Zeitungslogistik und der Giazzi-Report überrascht mit Erkenntnissen, die deutschen Zeitungsmachern geradezu verblüffend originell erscheinen müssen: „In vielen Ländern, in denen die Tagespresse blüht, gibt es den Brauch, die Zeitung in die Wohnung zu bringen... Das ist ein starker Anreiz, das Blatt zu abonnieren (denn die Zeitungen werden geliefert, bevor man des Morgens zur Arbeit geht und auch am Sonntag). Überdies schafft

---
[214] Le Floch, S.11 bzw. BDVZ-Jahrbuch 2007.

das Arbeitsplätze in der näheren Umgebung, zumal für Studenten, die ihre Ausbildung finanzieren wollen".[215] Geschrieben im Jahre 2008.

4.4.4 Die Krankheit als Therapie: Strategien gegen die Krise

Ende 2008 berief Präsident Sarkozy die *„États généraux de la presse écrite"* ein, die *Generalstände der gedruckten Presse,* um deren Vertreter Antworten auf die Krise des Zeitungsmarktes finden zu lassen. Die Ergebnisse sind in den 93 eng bedruckten Seiten eines „Grünbuches" niedergelegt,[216] über ihre Umsetzung entscheidet allerdings der Präsident. Abgesehen von Vorschlägen zu einer – längst überfälligen – Reform des Vertriebssystems und einer stärkeren Formalisierung der Journalistenausbildung, rief die 70-köpfige Kommission im wesentlichen nach mehr staatlicher Hilfe.

Sarkozy versprach zusätzliche 600 Mio €, verteilt auf drei Jahre.[217] So sollen die Hilfen für Tageszeitungen mit geringen Anzeigeneinnahmen auf 14 Millionen Euro verdoppelt werden, die Beihilfen zur direkten Zeitungszustellung werden von 8 Millionen auf 70 Millionen Euro erhöht. Der Staat will seine in Zeitungen platzierten Anzeigen verdoppeln[218] und die geplante Erhöhung der Portotarife für Zeitungen wird um ein Jahr verschoben. Der Einnahmeausfall der Post wird vom Staat beglichen. Zusätzlich werden neue Verteiler geschaffen: In Bars,

---

[215] Giazzi, S. 22
[216] vgl. im Folgenden : États généraux de la presse écrite : Le Livre Vert, Paris 2009. Die Bezeichnung „Generalstände" mag auf das Jahr 1789 anspielen. Damals hatte König Ludwig XVI. – erstmals nach 175 Jahren – die États généraux einberufen, um sie Antworten auf die tiefe Staats- und Wirtschaftskrise finden zu lassen. Die Revolution konnte gleichwohl nicht verhindert werden.
[217] Guardian, 23. Januar 2009
[218] Die „Generalstände" hatten in ihrem Grünbuch gar auf Belgien verwiesen, wo der Staat seine PR-Maßnahmen gar zu 100 Prozent über die gedruckte Presse abwickle, doch wolle „man soweit nicht gehen".

Supermärkten und an Tankstellen sollen künftig Zeitungen erhältlich sein. Internetzeitungen sollen mit 20 Millionen Euro gefördert werden. Gleichzeitig stellt der Staat auch mehr Mittel als bisher für die Modernisierung von Druckereien bereit. Um neue Leser zu gewinnen, sollen alle Jugendlichen des Landes zu ihrem 18. Geburtstag ein einjähriges Zeitungsabonnement geschenkt bekommen, dessen Kosten anteilig von den Verlegern und vom Staat übernommen werden.

Bemerkenswerter ist freilich der Vorschlag des Grünbuchs, die Redaktionen sollten doch „mehr direkten Kontakt zu ihren Lesern suchen".[219] Bedurfte es dazu wirklich 70 Experten?

Es klingt mehr als plausibel, wenn Sarkozy unterstellt wird, es ginge ihm gar nicht um die Rettung der Presse als darum, Frankreich mittelfristig zu einem global player in der Medienindustrie zu verhelfen. Die Therapievorschläge des Grünbuchs sind, frei nach Karl Kraus, die eigentliche Ursache der Krankheit. Die Abhängigkeit der Presse von Steuergeldern wird größer, die Krise schwelt aber weiter. Ist ihr Flammpunkt einmal erreicht, kann der Staat als Geldgeber mit Fug und Recht Strukturreformen einfordern und so die Regeln zur Medienkonzentration kippen. Dies erst recht, da der Printsektor einer der wenigen ist, in denen der Staat einer Konzentration noch nicht nachgeholfen hat.

Zumal die Präsidenten-Freunde Lagardère, Dassault und Bolloré könnten dann expandieren. Denis Olivennes vom Nachrichtenmagazin Nouvel Observateur meinte dazu in einem Interview: „Wir befinden uns in Frankreich nicht im Königreich der Unabhängigkeit der Presse. Das letzte Mal, als sich Präsident Sarkozy für die Medien interessiert hat, das war, als er den staatlichen Fernsehsendern die Werbeeinnahmen weggenommen und entschieden hat, ab sofort höchstpersönlich den Präsidenten der staatlichen Fernsehsender zu ernennen. Wenn er nun erklärt, dass er sich jetzt um die Presse kümmern will, ist das nicht sehr beruhigend. Bei solchen Freunden sagt man sich, dass man doch lieber Feinde hätte."

4.4.5 Zeitschriften und Gratis-Zeitungen

Zeitschriften und Gratis-Zeitungen hier gemeinsam abzuhandeln erklärt sich daraus, dass beide Mediengattungen wirtschaftlich durchaus erfolgreich sind. Beider Erfolg zeigt, dass Franzosen keineswegs eine „Allergie gegen Gedrucktes" haben und die Krise der Tagespresse vorwiegend selbstverschuldet ist.

Die Gratisblätter, vollständig durch Werbung finanziert, kamen erst Anfang des vergangenen Jahrzehnts auf den Markt – und rollten ihn auf Kosten der etablierten Presse gründlich auf. Ihre Auflage hat sich in den letzten fünf Jahren verdreifacht.[220]

20 minutes, eine Kooperation des norwegischen *Schibsted*-Verlags mit dem Regionalblatt *Ouest-France*, erschien erstmals im Frühjahr 2002 und erreicht derzeit eine Auflage von 716.000 Exemplaren. Zur gleichen Zeit kam auch *Metro* auf den Markt. Das Blatt kommt von der schwedischen *Metro International* und verteilt 712.000 Exemplare, an der französischen Ausgabe ist Bouygues' TF1 beteiligt. Beide Blätter erreichten schon 2006 einen Werbeumsatz von 130 Mio € und schreiben schwarze Zahlen.[221]

Vom Erfolg der Skandinavier beflügelt, folgte schließlich 2006 der Sarkozy-Freund *Vincent Bolloré* mit *Direct.* Das Blatt verteilt

---

[219] ebd., S.13
[220] Etats Généraux de la Presse écrite: Le livre vert, S.4
[221] Der Standard, 2.10.2006

760.000 Stück und arbeitet mit *Le Monde* zusammen. Zahlreiche Regionalblätter zogen mit eigenen Gratis-Zeitungen nach.[222]

Der Erfolg der Gratis-Presse ist denkbar einfach zu erklären: Zumal die drei Großen machen praktisch alles anders als die Bezahlpresse.

Zielgruppe sind ganz allgemein Pendler, keine bestimmte soziale Schicht oder politische Richtung. Der Absatz erfolgt über stumme Verkäufer im öffentlichen Personennahverkehr – der gehetzte Fahrgast muss also vor keinem Kiosk Schlange stehen. Das Format ist „U-Bahn gerecht", das Layout modern und bietet optische Führung. Die Inhalte legen den Schwerpunkt auf Information mit Nutzwert und werden knapp formuliert, denn länger als 20 Minuten täglich liest man in Frankreich im Durchschnitt ohnehin nicht mehr Zeitung. Darüber hinaus haben die Gratisblätter auch die Ballungsräume Frankreichs außerhalb seiner Hauptstadt als Markt entdeckt. *Metro* und *20 Minutes* haben je sieben Regionalausgaben, *Direct* neun. Gleichwohl setzen alle drei mit jeweils über 400.000 Exemplaren den Löwenanteil ihrer Auflagen im Großraum Paris ab.

Diese Konzentration auf die Ballungsräume bietet folgende Vorteile: Anzeigenkunden vermeiden Streuverluste, denn beworbene Angebote liegen durchweg in geographischer Nähe des potentiellen Käufers. Die Absatzlogistik ist einfach zu organisieren und kommt mit kurzen Wegen aus – dass sich der Vertriebsmonopolist NMPP weigerte, die Gratisblätter ins Sortiment zu nehmen, war zwar gesetzeswidrig aber nicht unbedingt von Nachteil. Hergestellt werden die Blätter in Lohndruckereien ohne starke Gewerkschaft, z.T. im Ausland.

---

[222]Zahlen nach OJD http://www.ojd.com/engine/adhchif/adhe_list.php?mode=chif&cat=1864, Zugriff am 26.8.2009. Siehe dazu auch: Hass, M.: Kostenlose Pendlerzeitungen in Europa. In: Media Perspektiven, 10/2006, S.510-519

4.4.5.1 Zeitschriften

Bei den Zeitschriften zählt Frankreich zu den weltweit stärksten Märkten. Mit einer Gesamtauflage von rund 140 Millionen werden je 1000 Einwohner 1360 Exemplare abgesetzt. Der Markt galt gar als „Goldesel der französischen Verleger."[223] Noch 2007 wuchsen die Auflagen insgesamt um 7 Prozent und konnten dieses Niveau im Jahr darauf behaupten. Die aktuellen Magazine wie *L'Express, Le Point* und *Le Nouvel Observateur* legten um 10,21 Prozent zu. Ein Plus gab es 2008 auch bei den Klatschmagazinen (+9,8%), den Koch- und Gastromagazinen (+7,72%) und der Wirtschaftspresse (+ 5,53%).[224] Erst die Wirtschaftskrise bremste 2008 diesen Höhenflug.

Wenn es also den Zeitschriften deutlich besser geht als den Tageszeitungen, dann nicht zuletzt deshalb, weil erstere sich schon länger deutlich mehr nach dem Markt richten mussten – und es auch konnten.

Im Jahr 1956 wurden die zehn Jahre zuvor als collaborateurs enteigneten Altverleger entschädigt. Da die „Claims" auf dem Zeitungsmarkt zu diesen Zeitpunkt bereits nach politischen Aspekten abgesteckt waren, wurden die Gelder artverwandt in Zeitschriften investiert, was natürlich nur dann sinnvoll war, wenn sich der Verlag zuvor nach entsprechenden Zielgruppen umgesehen hatte. Was nach 1956 auf den Markt kam war also deutlich besser kapitalisiert und verdankte seine Existenz nicht dem historischen Zufall. Der Verleger Robert Hersant, nach dem Krieg als Nazi-Collaborateur verurteilt, z.B., konnte mit Zeitschriften *(Auto Journal)* schnell genügend erwirtschaften, um ein veritables Imperium aus Tageszeitungen zusammenzukaufen und schließlich zu versuchen, ins TV-Geschäft einzusteigen.

---

[223] Die Zeit, 49/2005
[224] Der Neue Vertrieb, http://www.dnv-online.net/medien/detail.php?rubric=Medien&nr=28440 vom 13. November 2008

Anders als die Zeitungen brauchten die Zeitschriften sich bei tagesaktuellen Meldungen auch nicht der Konkurrenz des Radios zu stellen, sondern konnten zielgruppengerecht in die Tiefe (oder in die Breite) gehen. Überdies sind Zeitschriften gegenüber militanten Gewerkschaften flexibler: Mehr als ein Viertel der französischen Zeitschriften wird heute im Ausland gedruckt,[225] ohnehin ist bei wöchentlicher oder monatlicher Erscheinungsweise ein Streik deutlich weniger bedrohlich als bei täglicher.

Schließlich: Konkurrenz verbessert das Angebot. Frankreichs Tageszeitungen konnten dank Subventionen in Schreibstil und Layout quasi Vorkriegs-Journalismus betreiben – die Publikumszeitschriften sind in dieser Hinsicht deutlich moderner, auch wenn sie auf den deutschen Leser zuweilen eher harmlos-belehrend wirken.[226]

Abgesehen vom *Canard enchaîné* (dazu sogleich unten), fehlen investigativ-kritische Titel nach Muster des *Stern* oder des *Spiegel*. Das gilt auch für die französische Tochter des Stern-Verlegers Gruner+Jahr, die Prisma Presse: Sie ist laut eigenen Angaben nach dem Lagardère-Konzern der „zweitgrößte und profitabelste Zeitschriftenverlag Frankreichs". Verdient wird das Geld mit Fernseh-, Ratgeber- und Frauenzeitschriften, allenfalls der französische Ableger von *Capital* hat im weiteren Sinne einen kritischen Anspruch.[227] Mit 285 Millionen verkauften Heften und einem Marktanteil von 19,6 Prozent erzielte Prisma Presse einem Umsatz von 567,2 Mio € (2004). Die Übernahme eines Modeverlags scheiterte an der Intervention des französischen. Finanzministeriums:

---

[225] Livre vert, S. 51
[226] *Le Point*, der Aufmachung nach eigentlich ein Nachrichtenmagazin, widmete von den 82 Seiten des Hefts 2283 vom 7. August 2008 zehn dem Philosophen Epikur, neun Aleksander Solschenizyn und vier berühmten Literatencafés.
[227] Bei Prisma Presse erscheinen u.A. die Magazine *Télé Loisirs, Femme actuelle, Prima, Voici, VSD* und *Ça m'interesse* sowie die französischen Ausgaben von *Geo und Gala*.

„Französische Mode soll vor ausländischem Einfluß bewahrt werden".[228] Colbert ließ grüßen.

4.4.5.1.1 Enthüllungsjournalismus und Satire: Le Canard enchaîné

Das satirische Wochenblatt *Le canard enchaîné*[229] spielt unter Frankreichs Medien in mehrfacher Hinsicht eine Sonderrolle. Es gibt ihn seit 1915, mit fast einer halben Million verkaufter Exemplare zählt der *Canard* zu den großen Titeln. In den Auflagenmessungen des OJD sucht man ihn indes vergeblich – die Messung der Werbereichweite ist überflüssig, denn das Blatt ist werbefrei. Sein Umfang beträgt acht Seiten, das Layout erinnert an die 30er Jahre, Fotos fehlen, der Internetauftritt beschränkt sich auf das Impressum. Gleichwohl ist der *Canard* wirtschaftlich sehr erfolgreich, was er einer Monopolstellung verdankt. Er beschränkt sich nämlich keineswegs auf Satire, sondern bringt stets exklusiv und fast regelmäßig Enthüllungsgeschichten, ohne Rücksicht, welches politische Lager dadurch düpiert werden könnte. Investigativen Journalismus betreibt das Blatt gleichwohl keinen, jedenfalls nicht aktiv. Das veröffentlichte Material wird der Redaktion von „Insidern" zugespielt, Informanten aus Verwaltung, Justiz, Wirtschaft und Politik. Angeblich, und dafür spricht Vieles, sitzen diese Quellen auch im engeren Zentrum der Macht, derzeit genannt werden z.B. Innenminister *Brice Hortefeux* oder *Carla Brunis* Berater *Pierre Charon*.

---

[228] vgl. Machill, S.336
[229] Der Titel Canard enchaîné, übersetzt „das Käseblatt in Ketten", war zur Zeit der Gründung eine satirische Anspielung auf Clemenceaus Blatt „L'Homme enchaîné" – „Der Mensch in Ketten". Vgl. im Folgenden: *Chalaby, J.*: Scandal and the Rise of Investigative Reporting in France. In: American Behavioral Scientist, Vol.47/2004, S.1194-1207, und *Laske, Karl / Valdiguié, Laurent*: La face

Das mag erklären, warum das Blatt, bei allem Ärger mit der Justiz, bislang noch nicht in Grund und Boden prozessiert wurde: Durch seine Unabhängigkeit ist es für alle im Lande nützlich, die etwas zu sagen haben. Schließlich ist die gezielte Indiskretion auch in Frankreich ein Mittel der Auseinandersetzung mit politischen und innerparteilichen Konkurrenten.

---

cachée du Canard enchaîné, Paris 2008, *Martin, Laurent* : Le Canard enchaîné ou les fortunes de la vertu. Histoire d'un journal satirique, 1915-2000, Paris 2001.

4.5 Online-Medien

Online ist Frankreich schon seit dem Jahr 1982. Damals hatte die Post *Minitel* eingeführt, das auf einer Technologie ähnlich jener des Bildschirmtext basiert. Minitel erlaubte es zu kommunizieren und sich zu informieren, ersparte Behördengänge und den Weg zum Ticketschalter. Die Hardware wurde kostenlos abgegeben, das System war mit 16 Mio Nutzern populär genug, um die Verbreitung des Internets anfänglich zu bremsen.

Heute haben über 60 Prozent der französischen Haushalte einen Internet-Zugang. Mit mehr als 9 Millionen Bloggern zählt das Land weltweit zur Spitzengruppe,[230] ein Viertel der User liest regelmäßig Blogs.[231]

Französische Blogs erscheinen „ernsthafter" als deutsche: Weniger Nabelschau, mehr kritische soziale und politische Reflexion.[232] *Isabelle Bourgeois* sieht genau darin jedoch eine Gefahr: „Da die Traditionsmedien ihre Gatekeeper-Funktion nicht (mehr) ausüben, gibt es keine nachweislichen Orientierungspunkte, weil gleichzeitig die Informationsquellen kaum oder gar nicht mehr identifizierbar sind. Die Gefahr der Beeinflussung der öffentlichen Meinung, die vom Web ausgeht, ist daher in Frankreich zur Zeit weitaus größer als in Deutschland..."[233]

Industrie- und kulturpolitisch hat das Net schon länger eine sehr hohe Priorität. Die staatlichen Sender sind bereits seit dem Jahr 2000 gesetzlich verpflichtet, Programm-Nebenleistungen via Internet anzu-

---

[230] Giazzi, S.23 und Médiamétrie, Presseerklärung vom 16. März 2009
[231] Wüpper, Gesche: Eng verflochten. In: Insight, Vol.15 (2007), Nr.10, S.10ff
[232] Dazu auch: Leinkauf, M.: Jeanne d'Arc digital. In: Süddeutsche Zeitung vom 28.Februar / 1. März 2009
[233] Bourgeois, I.: La télé, c'est moi, S.6

bieten.[234] Präsident *Chirac* hatte in seiner Neujahrsansprache 2005 erklärt: „Heute wird die Karte des Wissens und der Kultur neu gezeichnet. Was morgen nicht online erreichbar ist, läuft Gefahr, für die Welt unsichtbar zu sein... Wir befinden uns in einem globalen Kampf um technische Vorherrschaft. Das ist es, was in Frankreich, in Europa auf dem Spiel steht."

Im zuständigen Ministerium für Kultur und Kommunikation betreibt ein eigener „Staatssekretär für die digitale Wirtschaft" eine offensive Online-Strategie. Noch im Jahr 2010 soll dank staatlicher Förderung jeder Franzose für 30 € pro Monat über einen PC mit schnellem Internetanschluss verfügen.

War für seinen Vorgänger Chirac das Netz industrie- und kulturpolitisch wichtig, so kam für Sarkozy die Bedeutung als Meinungsbildner hinzu. Der von ihm initiierte Giazzi-Report enthielt den bezeichnenden Satz „Internet ist (auch) ein Medium"[235] – gut sechs Monate später waren Online-Publikationen und ihre Journalisten gesetzlich den Printmedien gleichgestellt. Auch das ein Indiz dafür, wie schnell es im Zentralstaat Frankreich gehen mag, wenn etwas das Ohr des Präsidenten trifft.

Noch vor Barack Obama hatte Sarkozy das Internet zum strategischen Instrument eines Präsidentschaftswahlkampfes gemacht. Wer zur Zeit der Unruhen von 2005 bei Google die Suchbegriffe *„banlieue"* (Vororte), *„insécurité"* (Sicherheitslage) oder *„voitures brûlées"* (verbrannte Autos) eingab, wurde automatisch eingeladen, eine von Sarkozy getragene Online-Petition zu unterschreiben, und wer z.B. Eisenbahnfahrkarten via Internet bestellte, bekam elektronische Wahlkampfpost vom Kandidaten. Organisator der Kampagne war Arnaud Dassier,

---

[234] Loi No. 86-1067 du 30. septembre 1986 relative à la liberté de la communication, modifiée par la loi du 1er août 2000, Art. 43-11
[235] Giazzi, S.6

sein Vater Jean-Claude ist ein Freund des jetzigen Präsidenten und derzeit Nachrichtenchef von TF1, dem größten Fernsehsender.

Bei den vom OJD, dem französischen Gegenstück zur deutschen Informationsgemeinschaft zur Feststellung der Verbreitung von Werbeträgern, gelisteten Websites finden sich in der „Top 15"-Spitzengruppe die Online-Ableger der großen Anbieter klassischer Medien.[236]

Mit weitem Abstand führend ist *Skyrock.com* von *Skyrock-Radio*, das den deutschen Betrachter inhaltlich an eine Mischung aus der gedruckten *Bravo* und den *Lokalisten* erinnert und damit monatlich 182 Mio Visits erzielte (Juni 2009).

Die *presse nationale* schlägt sich in ihrer elektronischen Variante entschieden besser, als in der gedruckten (vgl. Tabelle): Das liegt nicht zuletzt daran, dass man im Netz den Mehrwert bietet, den man in der Papierversion schlicht verschlafen hatte. Auf *libération.fr* finden sich sechs Regionalausgaben, andere Blätter bieten Audiobeiträge – im Radio-affinen Frankreich eigentlich naheliegend – kombiniert mit netztypischen Bildshows. Bezahlinhalte sind dementsprechend weiter verbreitet als in Deutschland, allerdings steht diesem Erfolg kein entsprechendes Werbeaufkommen gegenüber: Den Löwenanteil der Spendings im Net verbucht allein schon Google.[237]

Mit Ausnahme von *Lepost.fr*, einem boulevardesken, nachrichten-orientierten Ableger von *Le Monde*, handelt es sich bei diesen „Top 15" um direkte Verlängerungen des Ausgangsmediums. Und wo das Ausgangsmedium unterfinanziert ist, ist es auch der Online-Ableger.

---

[236] vgl. http://www.ojd.com/engine/adchif/adhe_list.php?mode=chif&cat=1784, Zugriff am 26. August 2009
[237] Glaubt man Schätzungen, dann liegt der Google-Anteil bei fast 100 Prozent. (www.lfm-nrw.de/funkfenster/media-ausland/staat-ich.php3, Zugriff am 19. Januar 2009)

Tab.4.9.:
Online-Auftritte klassischer Medien – die „Top 15"

Website	Visits Juni 2009 in Mio	Betreiber
Skyrock.com	181,7	Skyrock-Radio
Lequipe.fr	62,4	L'Èquipe, Sportzeitung
Lemonde.fr	50,4	Le Monde, Tageszeitung
Lefigaro.fr	28,6	Le Figaro, Tageszeitung
Tele-loisirs.fr	25,1	Programmzeitschrift, Prisma-Presse (Gruner+Jahr)
Liberation.fr	15,0	Liberation, Tageszeitung
Nouvelobs.fr	12,8	Nouvel Observateur, Nachrichtenmagazin
20minutes.fr	11,8	20 Minutes, Gratis-Tageszeitung
Leparisien.fr	10,0	Le Parisien, Tageszeitung
Lepost.fr	9,4	Le Monde, Tageszeitung
Lepoint.fr	8,0	Le Point, Nachrichtenmagazin
Lexpress.fr	7,6	L'Express, Nachrichtenmagazin
Lesechos.fr	7,0	Les Echos, Wirtschaftszeitung
Premiere.fr	6,8	Lagardère
Rmc.fr	5,5	Radio Monte Carlo
Zahlen: OJD (gerundet)		

Ein alternatives Leitmedium, das, wie die *Huffington Post* in den USA, im Net erfolgreich eine Gegenöffentlichkeit gebündelt hätte, fehlt bis dato. Der Grund dafür mag darin liegen, dass Sarkozy zwar vergleichbar polarisierend wirkt wie weiland George W. Bush, der französische Gegenpol zum Establishment aber in sich zersplittert ist. Zu nennen sind hier *rue89.com*, *bakchich.info* oder *samizdat.net,* die kritisch-investigative Inhalte bieten. In diese Reihe gehört auch *mediapart.fr*, wo sich auch große literarische Reportagen finden und man zudem mit einem neuen Geschäftsmodell experimentiert. Die Publikation ist werbefrei, für 9 € pro Monat wird ein Online-Abonnement angeboten, ab 65.000 Abonnenten wäre *mediapart* wirtschaftlich überlebensfähig. Diese Zahl sollte Anfang 2009 erreicht werden. Tatsächlich waren es bis dahin nur 17.000 zahlende Leser. Gegründet wurde mediapart im Frühjahr 2008 von ehemaligen Le Monde-Journalisten um Edwy Plenel. Sie hatten auch das Startkapital von 3,7 Mio € aufgebracht, das bald erschöpft sein dürfte.[238]

Die finanzielle Basis der Alternativmedien ist also dünn. Wie schon bei der gedruckten Presse will nun auch hier der Staat mit Subventionen zu Hilfe eilen: Für 2010 sind 20 Mio € vorgesehen, weitere 40 in den nächsten beiden Jahren. Mediapart und rue89 haben bereits zugegriffen und erhalten bis zu 200.000 € an Fördermitteln. *Rue89* rechtfertigt das damit, dass man schließlich keine Subventionen gefordert habe, sondern sie lediglich akzeptiere. *Plenel* ist der Meinung, dass die Staatsgelder dazu beitrügen, „die neuen Medien pluralistisch zu gestalten".[239] Genau mit diesem Argument hatte vor bald 60 Jahren die Subventionen für die gedruckte Presse begründet.

---

[238] http://blog.handelsblatt.de/indiskretion, Zugriff am 24. März 2009
[239] „Heuchelei und Hilfe", in : Süddeutsche Zeitung, 7. Januar 2010.

5 Journalismus und Macht in Frankreich: Zur Tradition einer Wechselbeziehung

Die Kommunikationsabsicht der „neutralen Informationsvermittlung" dominiere heute weltweit das journalistische Rollenverständnis, stellte der Journalist und Medienwissenschaftler Siegfried Weischenberg 2005 fest.[240] Für Frankreich war seine Kollegin Géraldine Muhlmann 2004 zu einem anderen Befund gekommen: Der Journalist *solle* idealerweise als Vermittler zwischen dem einzelnen und der Gesamtheit fungieren, denn Medien, so Muhlmann, ermöglichten es dem Individuum sich in einer Welt zu orientieren, deren Komplexität es sonst nicht erfassen könnte.[241] Muhlmanns Rollenbeschreibung wurde in Frankreich geradezu begeistert aufgenommen – „innerlich gewachsen beendet man die Lektüre" schließt eine der vielen Rezensionen.[242] Der deutsche Leser wundert sich, ohne innerlich zu wachsen: Madame Muhlmanns Sätze hat er ganz ähnlich schon vor Jahrzehnten z.B. vom Münchner Zeitungswissenschaftler Hans Wagner gehört,[243] sinngemäß finden sie sich sogar in § 3, Abs.2, des sächsischen Pressegesetzes.
Entwickelt sich das Rollenverständnis französischer Journalisten zeitverzögert ?

---

[240] Weischenberg, Siegfried: Journalismus. In: Ders./ Kleinsteuber, H.J./ Pörksen, B.: Journalismus und Medien, Konstanz 2005, S.140 (132-142)
[241] vgl. Muhlmann, G.: Du journalisme en démocratie, Paris 2004
[242] Saint-Réquier, D.: «Du journalisme en démocratie» - Enigmes et paradoxes du journalisme idéal. In : http//www.maisondesjournalistes.org
[243] Wagner, Hans: Theorie der sozialen Zeit-Kommunikation, München 1975 (Vorlesungsmitschrift)

Neveu e.a. konstatieren in der Tat eine „verspätete Professionalisierung", denn „lange Zeit galt es als die größte Leistung eines französischen Journalisten, zu Ereignissen oder Kulturschöpfungen politische oder ästhetische Kommentare abzugeben und die Leserschaft mit literarischen Fähigkeiten zu verführen".[244] Ursächlich sei dafür das Fehlen einer amtlich-formalisierten Ausbildung und einer Institution, die „berufliches Fehlverhalten" ahnden könne.[245]

Das allein kann's aber wohl nicht sein, schließlich gibt es auch in anderen westlichen Demokratien – aus guten Gründen ! – keine „Zulassungsordnung" für Journalisten oder gar eine „Standesgerichtsbarkeit".

Die Ursachen für diese „verspätete Professionalisierung" liegen zum einen in einer fehlenden Steuerung französischer Medien durch den Markt. Wenn ein Medium nur Nebengeschäft ist, oder sein Sinn weitgehend darin besteht, eine bestimmte politische Richtung zu fördern, kann die Redaktion keinen eigentlichen Journalismus betreiben, „ihre vorrangige Bedeutung ist nicht die Vermittlung von Fakten, sondern die Interpretation sozialer und politischer Trends".[246]

Ein weiterer Grund liegt im historisch gewachsenen wechselseitigem Verhältnis von Macht und Kultur:

König Franz I. hatte im Jahre 1539 Französisch zur alleinigen Amtssprache erklärt, ihre Beherrschung war seither Voraussetzung für sozialen Aufstieg und wurde vom Kommunikationsmittel mehr und mehr zum Ausdruck französischer Kultur, ja zum Ausdruck von Kultur *per se*. Und sie ist es bis heute. Je geschliffener das Französisch umso besser. Auch wenn damit kein unmittelbarer Aufstieg verbunden sein mochte, ließ sich so zumindest verbal die Zugehörigkeit zur Elite symbolisieren. Der Gebrauch von Regionalsprachen galt als unfein oder

---

[244] Neveu, e.a. (2005), S. 10f
[245] ebd.
[246] Chalaby, J.: Scandal and the Rise of Investigative Reporting in France. In: American Behavioral Scientist, Vol.47/2004, S.1202

war rundweg verboten. Erst Bouygues' *TV Breizh* löckte wider dieses Verbot, erst seit 2008 ist der offizielle Gebrauch von Regionalsprachen erlaubt.

Schon am Hofe zu Versailles schätzte man die Gegenwart der *Hommes des lettres,* universell gebildeter, geschliffen-geistreich argumentierender Intellektueller: Schriftsteller-Philosophen, die überdies moralische Maßstäbe setzten; zumindest dem Anspruch nach. Ganz ähnlich wie von Malern, Bildhauern oder Komponisten sollte auch die Brillanz der Hommes des lettres auf die Mächtigen und Reichen abfärben. „Imagetransfer" würde man heute sagen. Bei der Wertschätzung wusste man allerdings durchaus zu differenzieren, sie galt der intellektuellen Leistung als solcher, nicht aber ihrer praktischen Wirkung. *Molières* Stücke wurden bei Hofe aufgeführt, justament vor den Leuten, die in ihnen kritisiert wurden. Ausgerechnet der Freigeist *Voltaire* konnte im spätabsolutistischen Versailles offizieller Historiograph und Mitglied der Académie française werden. Der sozialkritische *Victor Hugo* wurde 1841 unter der Herrschaft des sehr kapitalfreundlichen Louis Philippe in die Académie berufen – und vertrat als Abgeordneter in der Kammer oppositionelle Ideen.[247]

Der Homme des lettres hat sich als Leitbild bis heute erhalten. Frankreichs Denker sind bezeichnenderweise fernsehtauglich, „in den späten 90er Jahren war es nahezu unmöglich, in Frankreich ein TV-Gerät einzuschalten ohne einen Philosophen zu sehen."[248]

Und nicht nur das. Während Bundeskanzler Erhardt Intellektuelle als „Pinscher" bezeichnete und Helmut Kohl gerne betonte, keiner zu sein, zelebrieren Frankreichs Eliten geradezu den persönlichen Umgang mit Schriftstellern und Philosophen, sind sogar bemüht, selbst als

---

[247] Dass der große Sozialkritiker Victor Hugo ausgerechnet von Ludwig XVIII. ein Dichtergehalt bekam soll hier nicht interessieren: Eine Jugendsünde – Hugo war damals erst 20 Jahre alt.
[248] Chaplin, S.226

Hommes des lettres zu brillieren. Präsident Mitterrand – „der Balzac im Elysée-Palast" –[249] verfasste gut 20 Bücher, sein Nachfolger Chirac deren fünf, Ex-Premier Villepin acht. Um nur die prominentesten Beispiele zu nennen. Dabei handelt es sich z.b. um Gedichtbände oder historische Werke aus eigener Feder, beileibe nicht um Interviews und gesammelte Reden zur Tagespolitik, die eigentlich vom persönlichen Referenten stammen. Frankreichs Wirtschaftslenker sind ähnlich produktiv. Kein aktiver deutscher Politiker oder Manager brachte es je auf ein annähernd umfangreiches Oeuvre.

Um die Durststrecke bis zum Durchbruch als anerkannter Homme des lettres schreibend zu überbrücken, lag seit Aufkommen der Zeitungen notgedrungen eine Tätigkeit für diese nahe: Als *novelliste*[250] ließen sich zumindest Stilübungen betreiben und deren Erfolg testen. Dazu aber eignete sich die nüchterne Wiedergabe von Fakten natürlich wenig, an Recherchejournalismus war ohnehin nicht zu denken. Die Kommentarlastigkeit französischer Medien hat hier eine historische Wurzel.[251]

Journalismus aus Notwendigkeit wurde von den etablierten Kollegen naserümpfend quittiert. Für Voltaire waren Journalisten „Kanaillen der Literatur" und „Haie, die gierig nach jeder Münze schnappen".[252] Balzac war gnädiger und setzte dem tristen Los der frühen Journalisten ein literarisches Denkmal. Bezeichnender Titel: „Verlorene Illusionen" (1836/43).[253]

---

[249] Hourmant, François: François Mitterrand – Portraits d'un président en écrivain. In : French Historical Studies, 2005, Vol.28 (3), S.531. Übrigens ein doppeldeutiges Kompliment: Balzac war schlicht auch ein „Vielschreiber".
[250] Der *novelliste* schrieb für die *nouvelles à la main*, einen Vorläufer der Zeitungen, der in Manuskriptform weitergereicht wurde.
[251] Rieffel, Rémy: Analyse de l'élite des journalistes. Questions de méthode. In : Revue française de science politique, Vol.33 (1983), Nr.3, S. 465
[252] Wagner, Claus von: Der Zeitschriften- und Buchmarkt im Frankreich des 18. Jahrhunderts, http://www.historicum.net/themen/pompadour-und-ihre-zeit/leben-und-alltag/i-zeitschriftenbuchmarkt/art/2_Die_Schrifts/html/artikel/2903/ca/152bfd25db/
[253] Balzac, Honoré de: Verlorene Illusionen, Frankfurt 1996

Was nämlich die Durststrecke zwischen Hai und Homme des lettres verkürzen konnte, war, die Nähe zur Macht zu suchen, „doch manch staatliche Unterstützung war bitter erkauft. Das staatliche Mäzenatentum machte die Förderungswürdigkeit vom ‚Wohl-Verhalten' des jeweiligen bittstellenden Schriftstellers abhängig. Schrieb er (...) gegen die Krone, verlor er das Prädikat ‚förderungswürdig' auch wenn man sein Werk ansonsten durchaus zu würdigen gewusst hätte."[254]

Was Ernest Hemingway über die Presse der III. Republik schreibt klingt durchaus ähnlich: „Falls eine der großen Tageszeitungen sich weigert, die Regierungsnachrichten (gegen Entgelt –AWL) abzudrucken, oder den Standpunkt der Regierung zu kritisieren wagt, stellt die Regierung ihre Subventionen ein, und die Zeitung verliert ihren größten Anzeigenkunden. Folglich sind die großen Pariser Tageszeitungen immer für Regierung, welche auch immer an der Macht ist".[255]

Der Nexus zwischen dem absolutistischen Frankreich und der Zeit nach 1789 liegt in diesem Zusammenhang im wesentlichen darin, dass „Aristokraten des Geistes an Stelle des Adels traten" und im Staate „eine politische Macht und am Ende dessen erste" wurden. So jedenfalls Alexis de Tocqueville 1857.[256]

Der Analytiker Tocqueville sollte hier auch langfristig Recht behalten, wenn auch mit gewissen Modifikationen. In die „Aristokratie des Geistes" aufsteigen konnte in Zeiten von Demokratie und Massenmedien nun auch der, der schlicht Breitenwirkung entfaltete. Und dazu gehören die Journalisten. Das bedeutete, dass diese, wie einst die *novellistes*, ihre Tätigkeit vielfach als Durchgangstation betrachteten.
Auch hier lässt sich eine Linie in die Gegenwart ziehen. Journalismus sei „ein Rückzugsgebiet, bis sich ein größerer Traum verwirklicht, so

---

[254] Wagner, a.a. O. Gewisse Parallelen zu *Patrick Poivre d'Arvor, Jean-Paul Cluzel* und *Alain Genestar* drängen sich auf.
[255] Hemingway, a.a.O.
[256] Tocqueville, Alexis de : L'Ancien Régime et la Révolution, Paris 1857, S.37

etwa ‚Schriftsteller', ‚Literaturkritiker' oder ‚berühmter Reporter'", zitieren Véronique Bayer und Cécile Offroy 2005 aus den Antworten einer Befragung unter den Redakteuren von Regionalzeitungen. Speziell für Männer käme der Wunsch hinzu „eine Rolle in der Gesellschaft zu spielen".[257]

Derlei Hoffnungen sind historisch nicht unbegründet. Betrachtet man die Statistik, so zeigt sich, dass der Journalismus durchaus als Hilfsmittel für höhere Weihen anzusehen war. Ein Drittel aller Abgeordneten der III. Republik hatte über den Journalismus Karriere gemacht, insbesondere solche, die sich die Ochsentour über die Kommunalpolitik ersparen wollten. In der IV. Republik betrug ihr Anteil ein Sechstel[258] - sehr viel, wenn man bedenkt, dass diese Epoche nur von 1946-1958 dauerte und die Zahl der Journalisten 1955 bei nur 4500 Köpfen lag.[259] Voltaires „Kanaillen" waren ministrabel.

Und nicht nur das: Albert Camus erhielt 1957 den Nobelpreis für Literatur. Begonnen hatte dieser Homme des lettres seine Karriere als Journalist des Lokalblatts L'Alger républicain und war nach dem Krieg Chefredakteur des Combat. Eine Ausnahmekarriere, gewiss, aber eine mit Signalwirkung. Camus, 1916 in ärmlichen Verhältnissen geboren, verdankte seinen Aufstieg *auch* seiner perfekten Beherrschung der

---

[257] Bayer, Véronique / Offroy, Cécile : Journaliste dans la presse quotidienne régionale, quel genre du travail ? In : Le Portique, Archives des Carnets du Genre 1/2005. http://leportique.revues.org/index708.html

[258] Dogan, Mattei : Les filières de la carrière politique en France. In : Revue française de sociologie, Vol.8 (1967), Nr.4, S. 482f. – Dogan unterscheidet zwischen drei Gruppen : „Echte Journalisten", denen die Zeitung „wichtigste Waffe ist", Abgeordnete, die sich eine „Zeitung als ein Hilfsmittel unter anderen halten", und Parlamentarier, die als Gelegenheitsautoren in enger Symbiose mit ihrem Lokalblatt leben. Für einen faktenorientierten Journalismus bieten alle drei Typen keinen Platz.

[259] Rieffel, Rémy : Analyse d'élite des journalistes. Questions de méthode. In : Revue française de science politique, Vol.33 (1983), Nr.3. S. 466

französischen Grammatik, selbst harsche Kritiker bewundern seine *imparfaits du subjonctif*.[260] Franz I. lässt grüßen.

Für die V. Republik lässt sich Tocquevilles Metapher von den „Aristokraten des Geistes" zuspitzen: Aristokraten werden in der Regel als solche geboren, Aufsteiger bilden in normalen Zeiten die Ausnahme. Das jedenfalls impliziert eine Untersuchung des Medienwissenschaftlers Remy Rieffel aus dem Jahre 1983 zur sozialen Herkunft leitender Redakteure aus Presse, Fernsehen und Radio.[261] Von den Befragten (N=120) kamen 90 Prozent aus „den privilegiertesten sozialen Gruppen". Verglichen damit spielte der formale Bildungsabschluß schon eine deutlich geringere Rolle, 61 Prozent der Stichprobe hatten einen Hochschulabschluß.

25 Jahre später und aus entgegengesetzter Perspektive kamen Lafarge und Marchetti zu einem vergleichbaren Ergebnis. Sie untersuchten 2008 die soziale Herkunft von Studenten der wichtigsten französischen Journalistenschulen, dem Reservoir für künftige Führungskräfte in den Medien.[262] Ergebnis: Deren Rekrutierungsbasis „ähnelt sehr stark jener der grandes écoles". 52 Prozent der Studierenden haben als Eltern leitende Beamte und Angestellte in Führungspositionen, bzw. Akademiker in freien Berufen – in der Gesamtbevölkerung sind es 18 Prozent.[263]

Das erstaunt zunächst, zumal die Chancen für Berufseinsteiger insgesamt keineswegs rosig sind. Als Glückspilz gilt bereits jemand, der einen Vierteljahresvertrag bekommt. Mit 1500€ brutto im Monat,

---

[260] Der Subjonctif als Konjunktiv der Willensäußerungen und erst recht seine Vergangenheitsformen gelten als Meßlatte für die Beherrschung des wirklich perfekten Französischen: Im praktischen Leben lässt er sich unschwer paraphrasieren, für den Homme des Lettres ist er indes unabdingbar.
[261] Rieffel, Rémy : Analyse d'élite des journalistes. Questions de méthode. In : Revue française de science politique, Vol.33 (1983), Nr.3. S. 455-479.
[262] CFJ (Paris), CUEJ (Straßburg), CELSA (Paris), EJCM (Marseille), EJT (Toulouse), ESJ (Lille), ICM (Grenoble), IFP (Paris), IPJ (Paris), IJBA (Bordeaux), IUT (Lannion und Tours).
[263] Lafarge, G./ Marchetti, D.: Enquête sur la provenance des étudiants en journalisme. In : médiamorphoses, Nr. 24 (Oktober 2008), S.66-70

40-Stunden-Woche und vager Hoffnung auf einen weiteren Vierteljahresvertrag.

Eine Antwort, weshalb es gerade die jeunesse dorée dennoch in die Medien zieht, gab Rieffel bereits 1983: Ein vermögendes Elternhaus plus formale Bildung lassen sich in Sozialkapital ummünzen, also „in ein dauerhaftes Netz wechselseitiger Bekanntschaften, die mehr oder minder institutionalisiert sind". Kurz, man kennt die richtigen Leute, und das womöglich schon von Kindesbeinen an.

Der Start ins Berufsleben beginnt also quasi mit einem persönlichen Adressbuch, das, als wichtigstes Kapital eines Journalisten, die privaten Telefonnummern potentieller Quellen enthält.[264]

Ein solches Adressbuch ist für Journalisten generell wichtig. Der Unterschied z.B. zur Bundesrepublik liegt jedoch darin: Deutsche Journalisten *kennen* die Mitglieder der Entscheidungselite, ihre französischen Kollegen *gehören ihr häufig an* – zumindest dem Selbstverständnis nach. Begünstigt wird dieses Selbstverständnis wiederum durch die Konzentration aller „wichtigen Leute" auf den Ballungsraum Paris: Man sieht sich, man kennt sich, man mag sich. In zahlreichen Fällen sogar sehr: Chirac hatte als Bürgermeister von Paris angeblich mehr als eine rein dienstliche Beziehung zur Rathauskorrespondentin von AFP. Laurence Ferrari, TF1, stand Sarkozy wohl einmal sehr nahe, ebenso eine Kollegin aus dem Politikressort des Figaro. Die TF1-Moderatorin Diane Sinclair ehelichte den späteren Finanzminister Dominique Strauß-Kahn, ihre France Televisions-Kollegin Christine Ockrent den Außenminister Bernard Kouchner und leitet gegenwärtig das französische Auslandsradio. Beatrice Schönberg von France 2 ist mit Umweltminister Louis Borloo verbunden, Marie Drucker von France 3 mit dem ehemaligen Überseeminister François Baroin, letzterer ein ehemaliger Redakteur von Europe1.

„Eine Frau kann Quellen anders erschließen" zitieren Bayer und Offroy in ihrer Untersuchung Journalistinnen.[265]

Derlei Vertrautheit führt zu einer paradoxen Situation: Informationen erhält der, der dieser In-group angehört. Veröffentlicht er diese aber – und dazu sind Journalisten gemeinhin ja da – riskiert er den Ausschluß aus der In-Group und damit den Zugang zu weiteren Informationen. Angesichts der Verflechtung von Macht und Medien wäre dies das sichere berufliche Aus, verbunden mit sozialer Ächtung. Und letztere ersetze, so wiederum Tocqueville, in einer Demokratie die Zensur: „Näherst du dich deinen Mitmenschen", so warnt er Autoren vor den Folgen „unabhängigen Verhaltens", „werden sie dich wie ein unreines Wesen fliehen; und selbst die, die an dich glauben, werden dich verlassen, denn auch sie würden gemieden".[266]

Die Journalistinnen und Journalisten sind also bestens informiert. Deshalb schweigen die Medien.

---

[264] Rieffel, a.a.O., S.467.
[265] Bayer/Offroy, a.a.O.
[266] Tocqueville, Alexis de: Über die Demokratie in Amerika, München 1986, S. 294f. Tocqueville formulierte damit schon 1835 einen Vorläufer von Elisabeth Noelle-Neumanns „Schweigespirale". Was den Analytiker vom Hellseher unterscheidet, ist der Umstand, dass Tocqueville Frankreich vor derlei Entwicklungen sicher wähnte.

6 Epilog:
Investoren aus dem Ausland – Befreier oder Besatzer?

In Deutschland wird sich kaum ein *medien*kritischer Journalist finden, der der Bild-Zeitung etwas Gutes abgewinnen kann, von *system*kritischen Kollegen ganz zu schweigen. Umso bemerkenswerter ist ein Eintrag von *Sylvain Attal* in seinem Blog. Der Journalist Attal ist in Frankreich kein Unbekannter, seine Sendung *„L'argent public"* („Mit Steuergeld") wurde vom Staatsfernsehen abgesetzt. Er schreibt:
„Frankreichs Presse braucht den großen Knall. Und der kann nur von ausländischen Kapitalgebern kommen. Von Leuten ohne jede Verbindung zu Frankreichs Mächtigen in Politik und Wirtschaft. Von Leuten, die schlicht soviel Zeitungen wie möglich verkaufen wollen, um damit Gewinne zu machen. Ich merke schon, Sie denken: Papier verkaufen? Wie schrecklich! Das bedeutet doch eine reißerische Schreibe und nackte Mädchen, wie in den britischen Boulevardblättern! Das Risiko besteht, natürlich. Aber auch wenn diese Blätter oft schlüpfrig sind, so werden ihre politischen Artikel von der jeweiligen Regierung doch ernstgenommen und bedeuten ein Gegengewicht zur Macht, das man in Frankreichs Medien höchst selten findet. (...) Nun steht uns auch in Frankreich so ein Blatt ins Haus. Ich begrüße das Projekt der deutschen Springer-Gruppe, ein preiswertes Massenblatt auf den französischen Markt zu bringen, so wie die Bild-Zeitung rechts des Rheins. Man wird, warten Sie es ab, das Blatt schlecht reden (kommt nach dem ‚polnischen Installateur' nun auch noch der ‚deutsche Journalist'?), und dabei auf eine latente Ausländerfeindlichkeit in Frankreich bauen. Die

staatstragende Klasse wird das Blatt nicht mögen. Aber ich, ganz persönlich, verspreche mir viel davon".[267]

Laut EU-Recht kann sich jeder Bürger eines Mitgliedslandes in jedem beliebigen anderen Mitgliedsland einen Arbeitsplatz suchen: Der „polnische Installateur", *„le plombier polonais"*, ist Symbolfigur für eine Bedrohung sozialer Besitzstände durch den Europäischen Binnenmarkt. Er steht für Lohndumping durch Arbeitsmigranten aus den ärmeren EU-Staaten und diente 2005 zur Mobilisierung gegen das Projekt einer europäischen Verfassung.

Das Projekt *„Bild á la française"* wurde bekanntlich im Juni 2007 aufgegeben, wenige Wochen nach Attals Blog-Eintrag.

Laut EU-Vertrag kann sich auch das Kapital aussuchen, in welches Mitgliedsland es fließen will. Welche Besitzstände man durch den „*deutschen Journalisten"*, kapitalistischer Vetter des proletarischen *plombier polonais*, bedroht wähnt, ließ sich in Le Point ein Jahr später nachlesen:

„Es besteht das Risiko, dass sich ausländische Konzerne (...) unsere *(sic!)* Medien einverleiben. Begonnen haben sie schon damit. Sollen wir unsere *(sic!)* Medien an die europäischen Nachbarn verkaufen? Einzig *(sic!)* deshalb weil diese als „liberaler" gelten was ihr Verhältnis zur Macht angeht? Oder sollen wir eine nationale Medienindustrie verteidigen?"[268]

Sarkozy gibt die Antwort: „Ich wurde gewählt, um die nationale Identität zu verteidigen".[269]

---

[267] Attal, Sylvain :„ Bild " va-t'il secouer la presse française ? In : sylvainattal.blogspot.com vom 9. Juni 2007.
[268] Berretta, E.: Édition: "Les Médiacrates" à la recherche d'une crédibilité perdue, in : Le Point, 4. April 2008
[269] Rede vom 27. Oktober 2009 in Poligny.

7 Literaturauswahl

Albert, Pierre : Histoire de la Presse, Paris 2008.
- *ders.* : L'évolution du paysage radiophonique français. In : Koch,U./Schröter, D.: Hörfunk in Deutschland und Frankreich. Journalisten und Forscher im Gespräch, München 1996, S. 35-48
ARPP: Rapport d'activité 2008.
Balzac, Honoré de: Verlorene Illusionen, Frankfurt 1996
Bayer, Véronique / **Offroy,** C.: Journaliste dans la presse quotidienne régionale, quel genre du travail ? In : Le portique 1/2005. http://leportique.revues.org/index708.html
Bellier, Irène: Regard d'une éthnologue sur les énarques. In : L'Homme. Vol.32 (1992), Nr.121, S.103-127
Benhamou, F.: Die Online-Medien. Vom Mythos zur Realität. In: http://eurotopics.net/print/de/magazin/politik-verteilerseite/f... Zugriff am 15. April 2009.
Benson,R. / **Hallin,** D. : How States, Markets and Globalization Shape the News: The French and the US National Press, 1965-1997. In: European Journal of Communication, 22/2007, S.27-48
Berretta, E.: Édition: "Les Médiacrates" à la recherche d'une crédibilité perdue. In : Le Point, 4. April 2008
Bourgeois, I. : La Télé – c'est moi ! In: Jahrbuch Fernsehen 2008
Chalaby, J.: Scandal and the Rise of Investigative Reporting in France. In: American Behavioral Scientist, Vol.47/2004, S.1194-1207
Chaplin, Tamara : Turning on the Mind. French Philosophers on Television, Chicago 2007.
Charon, Jean-Marie : Les médias en France, Paris 2003.

Clarke, Stephen: A Year in the Merde, London 2005
Coignard, Sophie / **Wickham,** Alexandre: L'omerta française, Paris 1999
Conseil supérieur de l'audiovisuel: Les bilans du CSA année 2007- Radio France
Costa, O./ **Kerrouche,** E.: Qui sont les députés français ? Enquête sur les élites inconnues, Paris 2007
D'Almeida, Fabrice / **Delporte,** Christian : Histoire des Médias en France, Paris 2003
Deloire, Christophe / **Dubois,** Christophe : Sexus politicus, Paris 2006
Dogan, Mattei : Les filières de la carrière politique en France. In : Revue française de sociologie, Vol.8 (1967), Nr.4, S. 468-492.
Durand, Jean-B.: La Presse. Mode d'Emploi. Paris 2002
European Federation of Journalists (Hg.) : Protecting our sources of information, Brüssel 2004
Etats Généraux de la Presse Écrite : Livre vert, Paris 2009
France Télévisions: Rapport annuel 2008, Paris 2009
Gabszewicz, Jean / **Sonnac,** Nathalie : L'Industrie des Médias, Paris 2006
Genestar, Alain: Expulsion, Paris 2008.
Goldhammer, Klaus, e.a. (Hg.): Musikquoten im europäischen Radiomarkt. Quotenregelungen und ihre kommerziellen Effekte. München 2005.
Greciano, Philippe: Der Grundrechtsschutz in Europa: Ein Blick nach Frankreich. In: MRM —MenschenRechtsMagazin, Heft 2/2006, S.191-198.
Hemingway, Ernest : Government Pays for News in French Papers. In: The Toronto Daily Star, 21. April 1923.
Hermann, L.: Chefsache. Frankreichs Präsident krempelt die Medienlandschaft seines Lands um. In: Journalist, 3/2009, S.62ff
Hourmant, François: François Mitterrand –Portraits d'un président en écrivain. In : French Historical Studies, 2005, Vol.28 (3), S.531-559
Hugues, P.: Die sexuelle Republik. In: Die Zeit, Nr.34, 14. August 2008.

Kempf, Udo: Das politische System Frankreichs. In: Ismayr, W. (Hg.): Die politischen Systeme Westeuropas, Opladen 1999, S.289-330.
Kerber, Markus: Europa ohne Frankreich. Deutsche Anmerkungen zur französischen Frage, Frankfurt 2006.
Kleist, Thomas: Medienkonzentrationsrecht in Europa – ein Überblick (Einführung zum EMR-Expertengespräch im Rahmen der Medientage) München 2002.
Koch,U./**Schröter,** D.: Hörfunk in Deutschland und Frankreich. Journalisten und Forscher im Gespräch, München 1996.
Kraemer, Gilles: Le Groupe France-Antilles. De la voix de la France à l'expression de l'outre-mer. In: Annuaire Français des rélations internationales, Vol. V (2004), S. 896-906
Kuss-Setz, Michael: Lust auf Frankreich, Freiburg 2008
Lafarge, G./ **Marchetti,** D.: Enquête sur la provenance des étudiants en journalisme. In : médiamorphoses, Nr. 24 (Oktober 2008), S.66-70
Lancelot, Alain : Les problemes de concentration dans le domaine des médias – Rapport au Prémier Ministre, Paris 2005 (« Rapport Lancelot »)
Laske, Karl / **Valdiguié,** Laurent: La face cachée du Canard enchaîné, Paris 2008.
Le Floch, P.: French dailies in crisis, in : press business, Nr.2/ 2006, S.8-11
Leinkauf, M. : Jeanne d'Arc digital. In: Süddeutsche Zeitung 28. Februar/1. März 2009.
Liehr, Günther: Frankreich. Eine Nachbarschaftskunde, Berlin 2007
Machill, Marcel : Frankreich – Quotenreich. Nationale Medienpolitik und europäische Kommunikationspolitik im Kontext nationaler Identität. Berlin 1997.
Martin, Laurent : Le Canard enchaîné ou les fortunes de la vertu. Histoire d'un journal satirique, 1915-2000, Paris 2001.
Ders.: La Presse écrite en France au XXe siècle, Paris 2005.
Maurin, Eric: La Peur du déclassement, Paris 2009.
Menudier, H. : Nicolas Sarkozy. Ein Leben für die Politik. In: Zur Debatte, 6/2008. S.44ff
Meyer, Michel : Le livre noir de la télévision, Paris 2006.

Ministère de la culture et de la communication: Décret no 2009-796 du 23 juin 2009 fixant le cahier des charges de la société nationale de programme France Télévisions

Moniot, Eric : Les exportations de programmes audiovisuels français, diagnostic et propositions. (Documenation française) Paris 2005

Mönninger, M.: Im Land der »livres chocs« - Frankreich liebt Skandalberichte in Buchform. In: DIE ZEIT, 6. Oktober 2005 Nr.41, http://www.zeit.de/2005/41/Tagebuch

Muhlmann, Géraldine: Du journalisme en démocratie, Paris 2004

Dies. : Une histoire politique du journalisme – XIXe-Xxe siècle, Paris 2007²

Neveu, Erik: Beziehungen zwischen Journalismus und Politik in Frankreich. In: Kopper,G./Mancini, P. (Hg.): Kulturen des Journalismus und politische Systeme, Berlin 1997, S.61-92

ders.: Sociologie du journalisme, Paris 2004

ders. und **Baisnée**, O. / **Frinault**, T.: The Case of France, Rennes 2005

Nouailhac, J.: Les médiacrates. Enquête sur une profession au-dessus de tout soupçon, Paris 2008

Open Society Institute (Hg.) : Television across Europe. Regulation, policy and independence, Vol.2, Budapest 2005

Otzen,Ellen : Liberté, égalité and exclusivity. In : The Guardian vom 27.November 2003

Peyrefitte, Alain: Le mal français, Paris 1976

Porquet, J.-L.: Le petit demagogue. Nicolas Sarkozy et les neuf règles de base de la démagogie efficace, Paris 2007

Rieffel, Rémy: Analyse de l'élite des journalistes. Questions de méthode. In : Revue française de science politique, Vol.33 (1983), Nr.3, S.455-479

Ruano-Borbalan, Jean-Claude : Vote FN : la faute à la télévision ? In : Sciences Humaines, Nr. 129, Juli 2002 (« La fabrique de l'information »)

Scalbert, A.; Frankreichs Medien am Ende ihrer Kraft. In: http.//www.eurotopics.net/print/de/magazin/politik-verteilerseits/f... vom 1. August 2008, Zugriff am 15. April 2009

TF1: Rapport financier semestriel, 1er semestre 2009
TNS sofres / **La Croix:** Baromètre de Confiance dans les média, Paris 1987 passim
Tocqueville, Alexis de : L'Ancien Régime et la Révolution, Paris 1857
ders. : Über die Demokratie in Amerika (1835), Deutsch : München 1984²
Wagner, C. v.: Der Zeitschriften- und Buchmarkt im Frankreich des 18. Jahrhunderts, http://www.historicum.net/themen/pompadour-und-ihre-zeit/leben-und-alltag/i-zeitschriftenbuch-markt/art/2_Die_Schrifts/html/artikel/2903/ca/152bfd25db/
Weischenberg, Siegfied: Journalismus. In: Ders./Kleinsteuber, H.J./Pörksen, B.: Journalismus und Medien, Konstanz 2005, S.132-142
Welge, Martin / **Holtbrügge**, Dirk: Internationales Management. Theorien. Funktionen. Fallstudien. Stuttgart 2006
Wickert, Ullrich: Vom Glück Franzose zu sein. Unglaubliche Geschichten aus einem unbekannten Land. Hamburg 2007
Willms, Johannes: Frankreich, München 2009
Wüpper, Gesche: Eng verflochten. In: Insight, Vol.15 (2007), Nr.10, S.10ff

Ausgewählte Internetadressen
Tageszeitungen

La Croix: www.la-croix.com
La Tribune: www.latribune.fr
Le Figaro: www.lefigaro.fr
Le Monde: www.lemonde.fr
Les Echos: www.lesechos.fr
*Le Parisien:*www.leparisien.com
L'Humanité: www.humanite.fr
Liberation: www.liberation.fr
Ouest-France: www.ouest-france.fr

Fernsehen

Canal +: www.canalplus.fr
France 2: www.france2.fr
France 3: www.france3.fr
France 4: www.france4.fr
France 5: www.france5.fr
M6: www.m6.fr
TF1: www .tf1.fr/

Radio

Europe 1 : www.europe1.fr
France Bleu: www.radiofrance.fr/chaines/france-bleu
France Inter : www.radiofrance.fr/franceinter
NRJ : www.nrj.fr
*Radio France:*www.radiofrance.fr
Radio Française International (RFI) : www.fri.fr

Institutionen und Verbände

Agence France Press (AFP): www.afp.fr

Autorité de la concurrence: www.autoritedelaconcurrence.fr

Autorité de la régulation professionnelle de la publicité www.arpp-pub.org

Conseil Supérieur de l'Audiovisuel: www.csa.fr

Fédération Nationale de la Presse d'Information Spécialisée (FNPS)
www.fnps.fr

Institut national de l'audiovisuel: www.ina-entreprise.com

Reporters sans frontières: www.rsf.org

Syndicat National des Journalistes (SNJ): www.snj.fr

Union Syndicale des Journalistes (CFDT): www.usj-cfdt.fr

Online Medien

www.acrimed.org
www.agoravox.fr
www.bakchich.info
www.marianne2.fr
www.mediapart.fr
www.nuesblog.com
www.samizdat.net
www.rue89.com
www.versac.net

Journalismus / PR

Marcel Bernet
Social Media Relations
Online PR im Zeitalter von Facebook
2010. ca. 192 S. Br. ca. EUR 24,95
ISBN 978-3-531-17296-5

Beatrice Dernbach
Die Vielfalt des Fachjournalismus
Eine systematische Einführung
2010. 302 S. Br. EUR 24,95
ISBN 978-3-531-15158-8

Hans J. Kleinsteuber
Radio
Eine Einführung
2010. ca. 280 S. Br. ca. EUR 24,95
ISBN 978-3-531-15326-1

Netzwerk Recherche (Hrsg.)
Trainingshandbuch Recherche
Informationsbeschaffung professionell
2. Aufl. 2010. ca. 250 S. Br. ca. EUR 24,95
ISBN 978-3-531-17427-3

Ulrike Röttger / Sarah Zielmann (Hrsg.)
PR-Beratung
Theoretische Konzepte und empirische Befunde
2010. 237 S. Br. EUR 29,90
ISBN 978-3-531-16955-2

Ansgar Zerfaß
Unternehmensführung und Öffentlichkeitsarbeit
Grundlegung einer Theorie der Unternehmenskommunikation und Public Relations
3., akt. Aufl. 2010. ca. IV, 468 S. (Organisationskommunikation. Studien zu Public Relations/Öffentlichkeitsarbeit und Kommunikationsmanagement) Br.
ca. EUR 49,95
ISBN 978-3-531-16877-7

Erhältlich im Buchhandel oder beim Verlag.
Änderungen vorbehalten. Stand: Januar 2010.

www.vs-verlag.de

VS VERLAG FÜR SOZIALWISSENSCHAFTEN

Abraham-Lincoln-Straße 46
65189 Wiesbaden
Tel. 0611.7878-722
Fax 0611.7878-400

Medien

Katja Lantzsch / Klaus-Dieter Altmeppen / Andreas Will (Hrsg.)
Handbuch Unterhaltungsproduktion
Beschaffung und Produktion von Fernsehunterhaltung
2010. 365 S. (The Business of Entertainment. Medien, Märkte, Management) Geb. EUR 49,95
ISBN 978-3-531-16001-6

Christian Schicha / Carsten Brosda (Hrsg.)
Handbuch Medienethik
2010. 580 S. Geb. EUR 49,95
ISBN 978-3-531-15822-8

Wolfgang Schweiger / Klaus Beck (Hrsg.)
Handbuch Online-Kommunikation
2010. ca. 480 S. Geb. ca. EUR 39,95
ISBN 978-3-531-17013-8

Ralf Vollbrecht / Claudia Wegener (Hrsg.)
Handbuch Mediensozialisation
2010. 462 S. Geb. EUR 39,95
ISBN 978-3-531-15912-6

Juliana Raupp / Stefan Jarolimek / Friederike Schultz (Hrsg.)
Handbuch Corporate Social Responsibility
Kommunikationswissenschaftliche Grundlagen und methodische Zugänge. Mit Lexikonteil
2010. ca. 400 S. Br. ca. EUR 34,95
ISBN 978-3-531-17001-5

Dagmar Hoffmann / Lothar Mikos (Hrsg.)
Mediensozialisationstheorien
Neue Modelle und Ansätze in der Diskussion
2., überarb. Aufl. 2010. 247 S. Br. EUR 29,95
ISBN 978-3-531-16585-1

Eric Karstens / Jörg Schütte
Praxishandbuch Fernsehen
Wie TV-Sender arbeiten
2., akt. Aufl. 2010. 439 S. Br. EUR 34,90
ISBN 978-3-531-17102-9

Erhältlich im Buchhandel oder beim Verlag.
Änderungen vorbehalten. Stand: Januar 2010.

www.vs-verlag.de

VS VERLAG FÜR SOZIALWISSENSCHAFTEN

Abraham-Lincoln-Straße 46
65189 Wiesbaden
Tel. 0611.7878-722
Fax 0611.7878-400